际象棋
入门指南

本书编写组 编

世界图书出版公司
广州·北京·上海·西安

图书在版编目（CIP）数据

国际象棋入门指南／《国际象棋入门指南》编写组
编 . —广州：广东世界图书出版公司，2010. 8　（2024.2 重印）
ISBN 978 − 7 − 5100 − 1519 − 9

Ⅰ. ①国… Ⅱ. ①国… Ⅲ. ①国际象棋 – 青少年读物
Ⅳ. ①G891. 1 – 49

中国版本图书馆 CIP 数据核字（2010）第 160311 号

书　　名	国际象棋入门指南	
	GUO JI XIANG QI RU MEN ZHI NAN	
编　　者	《国际象棋入门指南》编写组	
责任编辑	冯彦庄	
装帧设计	三棵树设计工作组	
出版发行	世界图书出版有限公司　世界图书出版广东有限公司	
地　　址	广州市海珠区新港西路大江冲 25 号	
邮　　编	510300	
电　　话	020-84452179	
网　　址	http://www.gdst.com.cn	
邮　　箱	wpc_gdst@163.com	
经　　销	新华书店	
印　　刷	唐山富达印务有限公司	
开　　本	787mm×1092mm　1/16	
印　　张	13	
字　　数	160 千字	
版　　次	2010 年 8 月第 1 版　2024 年 2 月第 10 次印刷	
国际书号	ISBN　978-7-5100-1519-9	
定　　价	49.80 元	

前　言

国际象棋是世界上通行的一种象棋，是一项古老的竞技运动，它已有2000多年的悠久历史。关于国际象棋的起源，一种说法是发源于古印度地区，公元6世纪时在印度地区流行的四方棋就是国际象棋的老祖宗。另一种说法是国际象棋最终的根苗还是在中国，它和中国象棋一样，都是由公元前盛行过的一种中国古代棋戏——六博逐渐演变而来的。

现行的国际象棋，有可靠的历史资料证明是在公元16世纪定型的。目前国际象棋已经发展成一项国际性的竞技运动项目，在世界各地拥有为数众多的爱好者，加入世界国际象棋联合会（简称"国际棋联"）的会员国和会员地区已达100多个。我国于1975年正式加入国际棋联。

国际象棋的国际性大赛终年不断。在欧洲，几乎每周就有一次大赛。国际象棋在我国是一项比较年轻的体育项目，近年来，成绩引人注目。目前我国男女队的团体水平都已进入世界一流行列。

国际象棋是科学、艺术和竞技三者结合的智力体育项目。它有助于开发智力、培养逻辑思维和想象能力，有助于提高思维的敏捷性和严密性。还有助于丰富人们的文化生活，陶冶高尚情操，有助于培养顽强勇敢、坚毅沉着等优秀的品质。国际象棋还对开发少年儿童格的智力有很好的效果，因此，目前世界上已有很多国家把国际象棋列入小学课程。

本书是为青少年学习国际象棋而编写的入门读物，包括国际象棋的基本战术、常用杀法、开局原理、中局战略和残局基础等，内容比较全面，讲解循序渐进、由浅入深，非常适合青少年学习国际象棋时阅读。

目　录

第一章 国际象棋概述

国际象棋是一项趣味性很强的世界通行棋种，它与桥牌、围棋并称为"世界三大智力体育竞赛项目"。国际象棋在全世界，特别是在欧美各国十分普及，参加人数之多仅次于足球，居体育运动第二位。每年各国举办的重大国际比赛达千次以上，在2010年保加利亚举行的国际象棋世界冠军赛中，比赛奖金总额高达200万欧元，胜者将获得120万欧元，负者也可获得80万欧元。许多国家进行了电视转播，可见影响之大。然而在我国，这个项目开展得较晚，普及程度远不如中国象棋和围棋。

 国际象棋的起源

国际象棋是一项古老的竞技运动，是人类智慧的结晶，是流传国家最广、参加人数最多的一个棋种。它的历史可以追溯到2000多年以前。关于它的起源，众说纷纭，至今尚无定论，可分为印度、中国、伊朗、斯里兰卡、埃及等几种说法，但较多倾向起源于印度或中国两个国家。在国际象棋历史研究中，有不少史学家认为印度是国际象棋诞生的摇篮。大约在公元2~4世纪时，印度流行一种叫"恰图兰加"（Chaturanga）的棋戏，内有车、马、象和兵4种棋子，象征着印度古代的军队建制。但作为原始国际象棋前身的这种"四方棋"，当时是用掷骰子的方法来轮流走棋的，游戏的目的也不是将死对方的王，而是吃掉对方的全部棋子。这种棋戏大约在公元6

世纪由印度传入波斯，由于语音上的讹误，古波斯人把"恰图兰加"误读为"恰特兰格"（Chatrang）。后来波斯被阿拉伯人占领，因阿拉伯语中没有这一词语中的第一个字母和最后一个字母，于是，"恰特兰格"又被阿拉伯人改称为"沙特兰兹"（Shatranj），以后这种"沙特兰兹"在中亚和阿拉伯国家广泛流传。10世纪前后，阿拉伯国家出现了许多闻名一时的棋手，世界名著《一千零一夜》中就曾经提及哈里发何鲁纳·拉施德的宫廷诗人中有一位著名棋手。公元819年，在巴格达举行了几位著名棋手之间的比赛。大约在10世纪以后，国际象棋经中亚和阿拉伯传入欧洲，先传到意大利，然后是西班牙和法国。11世纪末，遍及欧洲各国。

近20年，国际象棋"中国起源说"也有很大发展。英国著名科学家、凯厄斯学院院长李约瑟博士在1962年出版的《中国科学技术史》一书中，详尽地分析了早期象棋、有兵种棋戏的鼻祖——六博象棋与天文学、象易、术数学等的关系后认为：模拟战争性质的象棋，一开始可能是在预言术士中作为权衡预言可靠性的工具加以使用的。到公元6～7世纪时，才演变成闲暇时玩乐的棋戏。我国史料记载，唐代象棋的棋子也是立体象形棋子，北宋时期有一幅"琴棋书画"图案的织锦，上面就是8×8格、黑白相间的棋盘。另外河南开封出土的北宋时期铜质棋子"士"的背面图案是一个身穿戎装的女子，和国际象棋里的"后"性别恰巧一致。这些与历史相对应的记载，显示了两种象棋之间有着同承一脉的血缘关系。我国古代棋戏樗蒲、六博、弹棋都曾传入印度，对印度当时的社会文化必定产生影响。由此可见印度4世纪出现的"恰图兰加"很有可能是我国公元1世纪下半叶传入印度的六博棋戏创制而成的。

当然，从现在看，国际象棋与中国象棋的棋理虽然相通，但已深深溶进了东西方历史文化各自鲜明的特征。中国象棋中的"将（帅）"具有中国古代皇帝的威严，只在九宫中处理朝政，两个"士（仕）"不离左右保镖、护驾；而国际象棋中的王，具有西方国王的勇武强悍，可以直逼对方腹地御驾亲征，担任助攻。中国象棋兵种中设有"炮"，反映出我国古代四大发明之一——火药出现后，在战场上兵器的改进方面比西方先进了一步；而国际象棋中多设一"后"，她能纵横驰骋、左右砍杀、斜线出击，十分了得，反映了西方"女权运动"取得胜利的影响，以及女王长期统治的悠久历史。在学习两种棋后，能使您在无限的遐想中去游历楚汉争霸、亚历山大帝国征服邻国的古战场。

国际象棋的发展

国际象棋从东方传入西方，到公元 11 世纪基本遍及欧洲，才真正具有国际性。至 15 世纪现代国际象棋定型，19 世纪规则才完全统一，1886 年举行了第一次世界冠军赛。

1924 年在法国巴黎成立了第一个世界性棋类组织——世界国际象棋联合会，总部设在荷兰首都阿姆斯特丹。国际棋联成员国（包括地区）多达131 个。是仅次于足球的第二大体育项目，全世界大约有 10 多亿人喜爱或从事这项运动，尤以欧美为盛。前苏联、原南斯拉夫分别号称"第一王国"和"第二王国"。

国际象棋的世界大赛有男女个人世界冠军赛、国际象棋奥林匹克赛、世界男子团体锦标赛、世界大学生团体赛、世界少年冠军赛等，对国际象棋"国际化"的传播与发展起了巨大促进作用。

国际象棋在我国起步较晚，19 世纪末才传入我国，始称之为"万国象棋"。建国前，知道国际象棋的人寥若晨星。新中国成立以后，在党和政府的关怀下，国际象棋得到迅速发展。1956 年，国家体委首次举办了全国棋类锦标赛，国际象棋被列为表演项目；1957 年被正式列为国家体育比赛项目。国际象棋水平逐年提高。

1975 年，我国正式加入世界国际象棋联合会，从此迈出国门，走向世界，开始向国际象棋的顶峰发起冲击。

1980 年，由刘适兰、吴敏茜、安艳凤和赵兰等组成的中国女队在第 9 届世界奥林匹克女子团体赛中脱颖而出，获团体第五名。

1982 年的第 10 届世界奥林匹克女子团体赛上，女队再获第五名。

1984 年的第 11 届世界奥林匹克女子团体赛中，我国女队又上一台阶，获第四名。我国男队在同年举行的第 26 届奥林匹克男子团体赛上跻身世界强队行列，获团体第八名。

1986 年我国女队保持第四名，男队跃居团体第七名。

1988 年我国男、女队双双保住了 1986 年的名次。

1990 年在南斯拉夫举行的奥林匹克男、女团体赛上，中国女队奋力拼搏，勇夺第三名，男队获第六名。

1990 年，我国女选手谢军在世界女子冠军赛区际赛中不负众望荣获冠军，成为继刘适兰、吴敏茜之后第三位"国际特级大师"；男棋手叶荣光获我国历史上第一位男子"国际特级大师"称号。

在 1991 年 2 月结束的国际象棋女子世界冠军挑战者争夺战中，谢军又战胜了南斯拉夫特级大师马里奇，获得 1991 年 9 月向上届女子世界冠军苏联特级大师奇布尔达妮泽挑战的资格。从而结束了苏联女棋手 40 年来对世界前三名的垄断。这一历史性突破，标志着我国的国际象棋运动已经冲出亚洲、走向世界，向着峰顶发起强有力的冲击。

2010 年 6 月，第 37 届国际象棋奥林匹克团体赛上，中国男队获得亚军，中国女队获得第三名，实现了中国国际象棋历史上的重大突破。整个奥赛中，表现分最高的男、女棋手将被授予"最佳棋手奖"。在女子组比赛中，中国队的赵雪表现分 2617 分，获得"最佳女棋手奖"；中国男棋手王玥则以表现分 2837 分名列全场男棋手第二。

 ## 棋盘和棋子

国际象棋棋盘是个正方形，由纵横各 8 格、颜色一深一浅交错排列的 64 个小方格组成。深色格称黑格，浅色格称白格。棋子就放在棋盘的这些小方格上活动。图 1－1 是国际象棋棋盘的图案。

国际象棋棋子是立体形状的，共32个，分黑、白两组，每组16个棋子，其中有1王、1后、2车、2象、2马和8个兵。对弈时双方各执一色。

图1-2是在正式比赛中采用的立体形国际象棋棋子的正面线条图。图中最高的是王，其次是后，以下依次是车、象、马和兵。

图 1-1

图 1-2

在非正式比赛中，也有使用平面图案形棋子的。平面图案形棋子的图案，与一般国际象棋书刊中常用的国际象棋棋子印刷体图案相同。对局开始时，双方棋子在棋盘上的摆法如图1-3。要注意的是，白格的棋盘盘角一定要摆在弈者的右侧。如对局过程中发现棋盘摆错，就要改正摆法再继续对局。

以白棋为准，底排上最外面两格的棋子就是"车"，"车"里面摆的是"马"，"马"里面摆的是"象"，靠黑格象摆的是"后"，靠白格象摆的是"王"。底排前面一排摆的是8个兵。

黑棋的棋子摆在棋盘靠黑方的两排上，位置与白方棋子遥遥相对。注意白后对黑后，白王对黑王，白后摆在白格上，黑后摆在黑格上。初学者对于这一点往往搞不清楚。有时后和王的位置摆错。对局中一经发现，就要按规则规定纠正后重下。

下棋时，白先黑后。双方轮流下棋，一次走一步棋。对局的目的是把对方的王将死。这一点和中国象棋完全相同。

图1-3

为便于阅读棋谱和记录棋局，棋盘的位置采取坐标记录法表示。以白棋为准，8条直行从左到右用a、b、c、d、e、f、g、h 8个小写英文字母表示；8条横排由近而远用阿拉伯数码1至8表示。每一小方格用直行的字母和横排的数字结合起来加以表示。例如白棋左侧棋盘角的记录标志是a1，右侧盘角的标志是h1，黑棋左侧盘角的记录标志是h8，右侧盘角的标志是a8，其余依次类推。双方对局开始时棋子在棋盘上的原始位置可记录如下：

白方：王 e1；后 d1；车 a1，h1；象 c1，f1；马 b1，g1；兵 a2，b2，c2，d2，e2，f2，g2，h2。

黑方：王 e8；后 d8；车 a8，h8；象 c8，f8；马 b8，g8；兵 a7，b7，c7，d7，e7，f7，g7，h7。

国际象棋棋盘一般与棋子配套供应。棋盘一般用木板、硬纸板、硬纸或塑料布制成，棋盘上棋格的颜色应柔和，没有反光，以免在对局时晃眼，影响视觉而看错棋子。棋子一般用木料或塑料制成，棋子的形状和尺寸应符合规则规定。棋子的颜色跟棋盘上棋格的颜色要求一样，应柔和而不鲜艳，同时易于辨认黑白。

初学者如果没有或买不到现成的立体国际象棋，也可用中国象棋改制，只要另画一张棋盘，再把每方的两炮一士改成兵即成国际象棋。

 ## 棋子着法

国际象棋的棋子共有 6 个兵种：王、后、车、象、马、兵。它们的着法依次说明如下：

1. 王的着法

王横、直、斜都可以走，但每招限走一格，另外，不得送吃。如果此时方格内有自己一方的棋子，则王就不能走到该格上去。如果方格上有对方棋子存在，就可以吃掉对方棋子后占据该格。这里可看出王吃子的方法和行棋方法完全一致。

与中国象棋里的将、帅不同的是，国际象棋里的王并无"九宫"禁区的限制，可以走到棋盘上任何一格。另外，允许双方的王对脸，但两者之间必须间隔一格。

2. 后的着法

后横、直、斜都可以走，格数不限，但不能越子。它是国际象棋里威力最大的棋子。

后吃子的方法与行棋方法相同。

3. 车的着法

车横、竖都可走，格数不限，但不可斜走。除了王车易位，一般情况下也不可越子。

车吃子的方法与行棋方法相同。

4. 象的着法

象只能斜走，格数不限，不能越子。每方有两象：一象占白格，称白格象；另一象占黑格，称黑格象。有趣的是，由于象只能走斜线的规定，白格象永远不会走到黑格中去，黑格象也永远不会走到白格中去。

象吃子的方法和行棋方法相同。

5. 马的着法

马每步棋先横走或直走一格，然后再斜走一格。与其他兵种的棋子不同，马可以越子，即没有所谓"别腿"的限制。这一点与中国象棋里的马不同。

马吃子的方法和行棋方法一致。

6. 兵的着法

兵只能向前直走，不得后退。在起始位置的兵最多可直进两格，不在起始位置的兵每步只能直进一格。

兵吃子的方法和行棋方法不同。它是直进斜吃的，这一点与其他棋子完全不同。如果兵在斜进一格内有对方的兵或棋子存在，就可以吃掉它而占据该格。

除了上述棋子的一般着法外，还有3项特殊着法：

1. 吃过路兵

兵由起始位置向前直进两格时，如与相邻直行上对方的兵恰巧并列在一条横线上，则对方在应着时，可以立即用这只兵把它吃掉，再斜进一格。但隔一回合再吃不行，这叫"吃过路兵"。

2. 兵的升变

任何一兵直进到达对方的底线时，即可升变为除"王"之外的任何一种棋子，而且不能不变。这叫"升变"或"升格"。兵进行升变时，为争胜需要，一般应升变为威力最大的"后"。但在某些特殊局面中，由于局势所迫，兵变"后"将造成"逼和"、"长将"或其他不利于取胜的局面时，必须根据特定局面的情况变车、变象或变马。

3．王车易位

每局棋中，双方各有一次机会，使自己的王和一个车来个双动作，即王朝车的方向移动两格，然后车越过王，放在和王紧邻的一格上，这叫"王车易位"。图1－4是白黑双方王车易位的动作示意图。

图1－4

如果王向 a、b、c 行的一翼移动，称"长距离易位"或"长易位"；如果王向 f、g、h 行的一翼移动，称"短距离易位"或"短易位"。王车易位算一着棋，但下棋的时候必须先动王。

图1－5是双方王车易位前的棋局形势；图1－6是双方王车易位后的棋局形势。这里，白方采取"短易位"；黑方采取"长易位"。

王车易位是有条件限制的。如有下列情况之一，即不允许王车易位：

（1）王和车已经动过；

（2）王和车之间有别的棋子阻隔；

（3）王正被对方棋子
"将军"；

（4）王经过或到达的格
子受对方棋子的攻击。

王车易位的目的有 2 个：
①用车护王，使王移到安全的
位置，就像筑起一个堡垒一
样，外文中国际象棋术语
"王车易位"的本意是"以堡
垒护王"；②同时把车动员出
来，投入战斗。总之，这是兼
守带攻的着法，对局的双方自
然都不应随意放弃这一良好
机会。

图 1－5

图 1－6

子力价值

棋子的实力价值决定于它的活动范围和控制的格数。

后占据中心格位时可控制 27 个方格，活动范围最大，控制的格数最多。因此，它是全盘中实力价值最大的一种棋子。

车可控制 14 个方格，实力价值仅次于后。它的威力大体上是后的一半。

马在中心格位可控制 8 个方格，所谓"马有八面威风"。它的实力价值比车小。

象在中心格位可控制 13 个方格，从控制方格的数量上看，它比马控制得多，但因它有不同色格的限制，只能控制与象同色格的方格，实力无异减半，大体上与马相当。

兵最多控制两格，实力价值最小。

以上说的属于一般规律，至于在某些特殊局面中，有时一只致命的兵的实力价值有可能比车还大。因此，棋子的实力价值的实际大小最终由它本身在局中所处的地位决定，数字表示法只能是一个参考。

一局棋一般分开局、中局、残局三个阶段。棋子实力价值根据棋局的进程和不同的阶段而有所变化。棋局接近残局时，棋盘上双方子力逐步减少，各种棋子与兵之间实力比较的关系要相应改变。一般说来，开、中局阶段和残局阶段，在拱子实力比较的比例关系方面有很大的区别。

在开、中局阶段，象与马实力相当，象和马实力之和相当于 1 车 2 兵，但 2 象比 2 马或马象强，象或马优于 3 个兵的实力。

2 象 1 马或 2 马 1 象的实力优于后，而后比 2 车为优。车象（或马）2 兵的实力与后大致相当。

在残局阶段。马或象相当于 3 个兵。马和象的实力和相当于车兵。马比象优。因象有黑格象和白格象之分，黑格象不能攻击对方布置在白格上的棋子，白格象则不能攻击黑格，而马则没有这些限制。

车相当于马或象加1兵，2车优于1后，而3个弱子（2象1马或2马1象）的实力相当于1后。

后相当于车象1兵的实力。

从上述不同阶段棋子实力比较关系的变化情况中，可以发现几条值得注意的规律：

1. 兵的作用在残局阶段逐渐扩大，特别是可以升变的通头兵和挺起格数越多的兵。这是因为，兵越是接近底线，升变的可能性就越大。因而相对价值应当提高。

2. 车的作用在残局阶段也逐步增大。这是因为车要占据通路才能发挥它的攻击作用。残局阶段，棋盘上双方的大部子力都兑消殆尽，就给车的活动打开了广阔的活动领域。

初学棋手，当他还没有丰富的实践经验来确定各兵种棋子在任何部位上的价值时，记住棋子实力比较的比例关系和变化规律，在子力交换过程中进行盘算和推敲，就可以不吃大亏。

将军与应将

国际象棋对局的目的是将死对方的王。比赛规则规定：当一方王受到对方棋子的攻击时，称为王被"照将"，攻击王的棋子称为对王"将军"。这时，被将军的一方必须立即应将。如果无法避开照将，王即被将死。

如图1-7，黑后走到图中格位后，白王现在就处于被黑方将军的位置。如果此时白方不应将，白王即算被将死。应将的办法有3种：

（1）吃掉对方攻击王的棋子，可称之为"吃子解将"；

（2）用棋子挡住对方攻击王的棋子，称为"垫将"；

（3）移动己方的王，避开对方棋子的攻击，称为"避将"。

如图1-7，白方可有3种应将方法：

（1）用白象吃掉黑后；

（2）白马跳到白王和黑后之间，挡住黑后的将军；

（3）白王右移一格，避开照将。

"将军"可有多种不同的形式，例如"闪将"、"抽将"、"双将"等等。

图 1－7

图 1－8

图1–8，白兵前进一步，使白后向黑王将军，这种将军称为"闪将"。

图1–9是闪将后形成的局面。

图1–10，白马跳到黑点格内，不但对黑王进行攻击（将军），而且同时攻击黑后。这种将军称为"抽将"。

图1–9

图1–10

图 1 – 11 是抽将时的局面。

图 1 – 12，白车右移两格，使白后和白车两个棋子同时对黑王将军，这种将军称"双将"。双将时，被将军一方只有躲王一着可以解将。

图 1 – 11

图 1 – 12

图 1 – 13 是双将时的局面。

图 1 – 13

 胜负与和棋

一、胜负

当一方的王被将军时，如果无法避开，即被"将死"。

根据规则，将死对方王的一方为胜。双方都将不死对方王为和。

图 1 – 14 和图 1 – 15 是构成将死的实例。

在正式比赛中，棋步有时间限制，例如国际比赛和全国比赛一般规定每方在前 2 小时 30 分钟内必须走满 40 着，以后每 1 小时内必须走满 16 着；省市级比赛一般规定每方前 2 小时内必须走满 40 着，以后每 1 小时内必须走满 20 着；少年儿童比赛一般规定每方前 1 小时 30 分钟内必须走满 40 着，以后每 45 分钟内必须走满 20 着，或规定每方在自己的 1 小时内必须走满 40 着，以后每半小时至少走 20 着等。

图 1 - 14

图 1 - 15

在规定的时限内未能走满应走的着数时，即为输棋，叫做"超时判负"。

另外，还有以下几种输棋形式：

在对局开始或封局续赛开始后，迟到棋盘旁 1 小时以上的一方为输棋，这叫"迟到判负"。

封棋着法记录有误而又解释不通者也应判负。

一方因子力相差悬殊、无法对抗而自动向对方认输者，应判为输。

二、和棋

如果双方都将不死对方王时，对局结果就是和棋。

例如双方都各剩 1 王，或 1 王 1 同格色象；或一方剩王，另一方剩王、象或马时，双方都不可能取胜或将死对方的王，应判和棋。

除了将不死对方的王判和外，还有几种特殊的和棋规定。

1. 长将和

一方连续不断地将军，而对方的王却无法避开将军时，叫"长将"。按规则应判为和棋。这叫"长将和"。

图 1-16 是长将和的一个实例。白方子力比黑方弱，但白后可走到 e8 位将军，黑王只能走到 h7。白后接着又走回原处将军，黑王也只能回到图中原位，这样循环往复，即成长将和。

图 1-16

2. 逼和

轮到走棋的一方，王没有被对方将军，但又无路可走；同时自己一方任何其他棋子也无法活动，总之不能进行任何合乎规则的着法，形成无子可动的局面，称为"逼和"，按规则也判和棋。

图 1 - 17 是逼和的实例。

3. 三次重复局面和

对局中同一局面将要或已经第三次出现，而且每次都是同一方走棋，在行棋方的要求下可由裁判员判为和棋。重复局面是指同种同色的棋子都位于同样的格子，所有棋子可能的着法，包括王车易位或吃过路兵的权利，也都相同。如经裁判员审查后，不属三次重复局面，判和依据不足，则应在提和方的棋钟上另加 5 分钟继续对局。如加 5 分钟后提和方超过时限，则应按超对判负。

图 1 - 17

如图 1 - 18 局面。白车走到 f8，黑王到 e7；然后白车走回原位（f3），黑王也走回原位（e6）；白车又走到 f8，黑王接走到 e7；白车又走回原位（f3），黑王也走回原位（e6）；白车再走到 f8 时，就

图 1 - 18

形成三次重复局面。白方在走出第三次车到 f8 这一着的前后，有权向裁判员要求判和。

4. 五十回合规则和

当轮到走棋的一方证实，至少在五十回合中，双方没有吃过任何棋子，也没有走动任何一兵，这叫"五十回合规则和"，应判和棋。

对于某些特例，如赛前已有定论，五十回合规则和的回合数可以增加。

例如以下局面，国际棋联的新规则规定，上面讲到的五十回合规则河的回合数可增加到七十五回合：

（1）王、车和象对王和车。

（2）王、双马和王和兵，如符合以下条件：

①兵被牢牢地封锁住；

②兵还没有越过下列格子：

对黑方来说是：a4，b6，c5，d4，e4，f5，g6 或 h4；

对白方来说是：a5，b3，c4，d5，e5，f4，g3 或 h5。

（3）王、车和兵对王、象和兵，如果存在下列条件之一：

①白兵在 a2，黑兵在 a3，黑象位于黑格；

②白兵在 h2，黑兵在 h3，黑象位于白格；

③上述两种情况之一双方棋子颜色颠倒。

以上所讲的特例，初学者在对局或比赛中不会遇到，但对此规定也应有所了解。

5. 双方同意和

对局中的一方提议和棋，对方表示同意。

记谱与读谱

有些国际象棋爱好者下了很多年的国际象棋，也不认得国际象棋的棋谱记录。因为，只要懂得棋规，即使不认得棋谱记录，也同样可以下棋。

　　但是，在正式的国际象棋比赛中，按规则规定，双方必须逐着进行棋步的记录，因此，要想参加比赛，在比赛中把棋步逐着地记录下来，并在赛后复盘研究，总结经验，就必须学习和掌握国际象棋的记谱法和常用的记录符号。掌握国际象棋的记谱法和常用记录符号以后，平时就可以读谱、打谱。这样，通过棋谱学习国际象棋的棋艺理论，棋艺的提高自然要快些。

　　国际象棋记谱法有好几种，但目前世界上通用坐标记谱法（或称"代数记谱法"）。

　　着法有 2 种记法：

　　（1）完整记录法

　　每一着棋先记棋子名称（兵可省略不记），再记棋子原先的位置，接着加"－"或"×"的符号（"－"表示不吃子，"×"表示吃子），最后标出棋子新到的位置。

　　例如，图 1－19 中白马跳到黑点格，这一着应记为马 g1－f3。

图 1－19

　　又如 f3 处有黑象，如图 1－20 所示。这时，白马吃黑象，应记为马g1×f3。

图 1 – 20

（2）简易记录法

每着棋先记棋子名称（兵可省略不记），再记走完这着棋后棋子新到达的格位。如这着棋吃了对方的棋子，就在棋子名称和新到格位之间加"×"符号。

例如，上例马 g1 – f3 着法可简记为马 f3；又如，上例马 g1 × f3 着法可简记为马 × f3。

如果有两个兵种相同的棋子都可走到同一方格中去，为加以辨别，应在棋子名称后加记棋子原来位置的标志。例如，图 1 – 20 的着法，记为马 g × f3。

兵的着法表示还可以再简单，例如，白兵从 e4 吃去黑 d5 兵可简记为 e × d5 或 ed。

国际棋联从 1985 年起规定：参加比赛的赛员，一律统一采用简易记录法。

（3）常用的国际象棋记录符号

0 – 0　短易位

0 – 0 – 0　长易位

+	将军
＋＋	双将
#	将死
！	好棋
！！	妙棋
？	坏棋
？？	劣着
＝后	升变为后
！？	激烈的着法
e．p．	（法语 en passant 缩略语）吃过路兵
～	任意着法

兵升变为"后"这着棋，应在着法后加"变后"两字，或简写为"＝后"。

兵升变为车、马、象可分别记为"＝车"、"＝马"、"＝象"。

一局棋胜负的表示符号：

1－0 或 1：0 　　　　　表示白胜。

0－1 或 0：1 　　　　　表示黑胜。

1/2－1/2 或 1/2：1/2表示和棋。

表示胜负的记录符号应记在局末。

我们掌握了记谱的方法，了解了棋谱上各种符号所表示的意思以后，就可以阅读棋谱了。下面是一局棋的两种记录方法，请你试着对比阅读并在棋盘上摆一摆。

刘适兰——奇布尔达尼泽（1980 年国际象棋奥林匹克赛，马耳他，中苏女队对抗赛）。

（1）完整记录法

1．e2－e4 　　　　e7－e5

2．马 g1－f3 　　　马 b8－c6

3．象 f1－b5 　　　a7－a6

4. 象 b5 – a4　　　马 g8 – f6

5. d2 – d4　　　　e5 × d4

6. 0 – 0　　　　　象 f8 – e7

7. 车 f1 – e1　　　0 – 0

8. e4 – e5　　　　马 f6 – e8

9. c2 – c3　　　　b7 – b5

10. 象 a4 – b3　　　d7 – d5

11. e5 × d6（e. p.）马 e8 × d6

12. c × d4　　　　车 a8 – b6

13. 马 b1 – c3　　　象 c8 – g4

14. 马 c3 – d5　　　象 e7 – f6

15. 后 d1 – c2　　　象 g4 × f3

16. 后 c2 × c6　　　象 f3 × d5

17. 后 c6 × d5　　　马 d6 – c4（1/2 – 1/2）

（2）简易记录法

1. e4　　　　　　e5

2. 马 f3　　　　　马 c6

3. 象 b5　　　　　a6

4. 象 a4　　　　　马 f6

5. d4　　　　　　e × d4

6. 0 – 0　　　　　象 e7

7. 车 e1　　　　　0 – 0

8. e5　　　　　　马 e8

9. c3　　　　　　b5

10. 象 b3　　　　　d5

11. e × d6（e. p.）马 × d6

12. c × d4　　　　车 b8

13. 马 c3　　　　　象 g4

14. 马 d5　　　象 f6

15. 后 c2　　　象 ×f3

16. 后 × c6　　象 × d5

17. 后 ×d5　　马 c4（1/2 - 1/2）

 ## 世界大赛介绍

国际象棋的世界大赛有男女个人世界冠军赛、国际象棋奥林匹克赛、世界男子团体锦标赛、世界大学生团体赛、世界少年冠军赛等。

国际象棋男子个人世界冠军赛于 1886 年举行第 1 届，现在每 3 年举行一次，分大区赛、区际赛、候选人（或挑战者）赛 3 阶段逐级进行选拔，最后是世界冠军与挑战者的对抗赛。国际棋联把全世界分成 12 个大区，中国划入第 11 大区，即东南亚和大洋洲区。区际赛、候选人赛和世界冠军对抗赛的赛法曾经有过多次变革。早先，区际赛曾分 2 次举行，每个区际赛取前三名加上届候选人赛的第二名和世界冠军对抗赛的失败者共 8 人为候选人赛的参加者。1985 年起，区际赛改为分 3 处举行，每个区际赛取前四名加世界冠军对抗赛的失败者和上届候选人赛的第二名共 14 人为候选人赛的参加者。候选人赛过去采取多局对抗淘汰制，1985 年起，改为采取循环赛制，冠军即为挑战者。

世界冠军对抗赛也曾几经变革。1975 年以前很长时期内采取 24 局对抗赛的办法，胜者为冠军，平局时世界冠军由上届蝉联，世界冠军败于挑战者时，一年内可有回敬赛。1978 年起世界冠军赛改为不计局数的对抗赛制，以先胜 6 局的一方为世界冠军。但在 1984 年的世界冠军对抗赛中，挑战者卡斯帕罗夫与上届冠军卡尔波夫进行对抗赛时，两人对弈至前 8 局，战成 5 比 3，由卡尔波夫领先，比赛历时达半年，而仍未见分晓，创造了世界冠军赛历史上时间最长、局数最多的纪录。因当时卡尔波夫的体力消耗过大，医生建议其停止比赛，国际棋联主席临时决定停赛。随后于 1985 年经国际棋联特别会议决定又改回到 20 局对抗赛，世界冠军失利时有回敬赛的比赛办法。这一届世界冠军对抗赛于 1985 年 9 月重新开赛，结果以卡斯帕罗夫夺得世界冠军而结束。

女子个人世界冠军赛每 3 年举行一次，分大区赛、区际赛逐级选拔，最后由八强组成的候选人（挑战者）赛，用多局对抗淘汰制选出挑战者，与世界冠军进行 16 局的对抗赛，决出世界冠军。

先得 8.5 分的一方为优胜者，比赛即告结束，若 16 局战平，世界冠军保持其称号。

国际象棋奥林匹克赛实际上是世界国际象棋男女团体赛，每 2 年举行一次，规定男队 6 人分 4 台、女队 4 人分 3 台对抗。自从 1927 年在伦敦举行第 1 届国际象棋奥林匹克赛以来，至 1990 年止，共举行了 29 届，但在第二次世界大战期间曾一度中断。另外，一开始举办这项比赛时，只有男子团体赛一个项目，至 1957 年起增加了女子团体赛项目。关于奥林匹克赛的赛制也有过多次变革：1978 年以前采取分组循环和初决赛制，1978 年起改用积分编排制（瑞士制）。它是国际棋联主办的比赛中参加国家和地区最多的一项比赛。

世界男子国际象棋团体锦标赛又名世界杯国际象棋赛，是由国际棋联在 1985 年首次创办的世界大赛，规定每 2 年举行一次，每队正式队员 6 人，预备队员 1～2 人，凡各大洲的团体冠军和国际象棋奥林匹克赛的前五名才有资格参加。

世界大学生团体赛每 2 年举行一次，采取分组循环赛和初决赛制。

世界少年国际象棋赛每 2 年举行一次，一般采取积分循环制的赛法。

 ## 等级的评定

一、国际级称号评定标准

国际棋联（世界国际象棋联合会）授予棋手的国际称号可分为 3 类：①面对面比赛中的称号，②排局方面的称号，③通讯赛中的称号。其中面对面比赛中的称号有"国际特级大师"、"国际大师"、"棋联大师"、"女子国际特级大师"、"女子国际大师"5 种。国际称号是终身称号，但如果利用称号破坏了道德原则的话，国际棋联大会可根据评委会的建议剥夺其称号。

具备下列条件之一者可获"国际特级大师"称号：（1）获得参加男子世界冠军候选人对抗赛的资格（即进入世界男子八强）。（2）国际等级分在2450 分以上的"国际大师"或"棋联大师"，在不少于 24 局的国际等级赛中，两次达到国际特级大师的成绩标准。

具备下列条件之一者可获"国际大师"称号：（1）国际等级分在 2350分以上的选手，在不少于 24 局的国际等级赛中，两次达到"国际大师"的成绩标准。（2）在世界女子冠军赛或世界青年冠军赛，或国际棋联大区赛，或欧洲青年冠军赛，或美洲青年冠军赛中获得第一名。（3）在男子世界冠军赛预赛的一个循环中，下满 13 局而达到一次"国际大师"在棋联循环赛中的成绩标准。

具备下列条件之一者可获得"棋联大师"称号：（1）国际等级分在2250 分以上的选手在不少于 24 局的国际比赛中，两次达到"棋联大师"的成绩标准。（2）获 17 岁以下的世界少年冠军。（3）在男子世界冠军赛预赛的一个循环中，下满 13 局而达到一次"棋联大师"的成绩标准。

具备下列条件之一者可获"女子国际特级大师"称号：（1）获得参加女子世界冠军候选人对抗赛的资格（即进入世界女子八强）。（2）国际等级分在 2250 分以上的女子国际大师在不少于 24 局的国际等级赛中，两次达到"女子国际象棋特级大师"成绩标准。

具备下列条件之一者可获得"女子国际大师"称号：（1）国际等级分在 2150 分以上的女棋手在不少于 24 局的国际等级赛中，两次达到"女子国际大师"的成绩标准。（2）在女子世界冠军赛预赛的一个循环中，下满 13局而达到一次"女子国际大师"的成绩标准。

注：国际等级分是表示棋手实力等级的一种数字。它是根据棋手在某一定时期内的比赛成绩计算的。这种等级分制度是国际棋联等级委员会拟定的。1970 年在国际棋联范围内实行。

二、国家级称号评定标准

"男子特级大师"：（1）三次获全国个人赛冠军。（2）两次获全国个人赛冠军并获"国际大师"称号。（3）获"国际特级大师"称号。（4）两次达到等级称号赛规定之标准分。

"大师"：（1）全国个人赛前八名。（2）两次获全国个人赛前十二名。（3）两次达到等级称号赛规定之标准分。（4）获国际"棋联大师"以上称号者。

"一级棋士"：（1）全国个人赛第九至二十六名。（2）省、自治区、直辖市个人赛冠军。（3）全国少年个人赛冠军。

"二级棋士"：（1）全国个人赛第二十七至四十八名。（2）省、自治区、直辖市个人赛二至六名。（3）全国少年个人赛第二至六名。

"三级棋士"：（1）省、自治区、直辖市个人赛第七至二十四名。（2）省、自治区、地区（直辖市的区）、自治州个人赛前六名。（3）县个人赛冠军。

"女子特级大师"：（1）三次获全国个人赛冠军。（2）两次获全国冠军并获"国际大师"称号。（3）两次达到等级称号赛规定之标准分。（4）获"国际特级大师"称号。

"大师"：（1）全国个人赛前六名。（2）两次获全国前八名。（3）两次达到等级称号赛规定之标准分。（4）获国际"棋联大师"以上称号者。

"一级棋士"：（1）全国个人赛第七至第十四名。（2）省、自治区、直辖市个人赛冠军。（3）全国少年个人赛冠军。

"二级棋士"：（1）全国个人赛第十五至二十四名。（2）省、自治区、直辖市个人赛第二、三名。（3）全国少年个人赛第二、三名。

"三级棋士"：（1）省、自治区、直辖市个人赛第四至十六名。（2）省辖市（直辖市的区）、自治州、地区个人赛前三名。（3）县个人赛冠军。

1990 年，国际棋联决定将中国划为一个独立赛区，这是继苏联、美国、加拿大之后的世界第四个独立赛区，它标志着中国已进入世界国际象棋强国之列。

截止到 2009 年，我国已有 27 位男子国际特级大师，20 名女子国际特级大师。

第二章 基本战术

　　在预定的战略计划下，灵活运用各种战术，进行战术攻击或战术防守，是国际象棋对局中争胜或谋和的重要手段。

　　国际象棋常用的战术有击双或双重攻击，其中包括抽将、捉双、闪击、闪将、双将等，还有包围、追击、牵制、封塞、拦截、引离、引入、消除防御、腾挪、顿挫、等着、逼着、闷杀、底线杀、有利交换、升变战术等等，名目很多，总计不下20多种，分别展现各种不同的战术思想。在实际对局中，常常是几种战术综合运用，形成战术组合。它是国际象棋攻杀的"灵魂"。下面先从最简单、最常见的战术谈起。

◆ 捉 双

　　捉双是国际象棋中残局里常用的基本战术。它包括一子同时攻击对方两子或一子一兵，两子分捉对方两子或一子一兵等多种表现形式。从战术上分类，捉双实质上是击双或双重攻击的一种，但有它自己的特点，那就是攻击的目标对准对方的两个棋子或兵。从战术主题思想看，捉双就是我国古代兵法中常说的"一箭双雕"。捉双的战术结果常是一方得子，他方失子。因此它是谋取子力优势的常用手段。在开局阶段，尽管相对来说，捉双战术的运用较为少见，但有时由于一连串强制性着法的结果，也能造成捉双的机会。这种情况甚至在高水平棋手的对局里也难以避免。

如图 2 - 1 局面，白车正攻击黑后，轮黑方应着。局面中蕴藏着黑方捉双的可能性。但如果黑方采取消极的着法，退后到安全的位置，比如退到 d6 格，捉双的良机瞬间消逝。正确的着法是进后照将，先来一步"顿挫"，强迫白象退到底线掩护白王，于是黑象就有了捉双的现实机会。下面是双方着法：

图 2 - 1

1. …后 e1 +

2. 象 f1 象 b3

白后和白车同时受黑象攻击，黑象依恃黑车，实现了"捉双"。白方的两子必失其一，于是黑方得子胜。

上例是象的捉双在中局里的运用。这是较简单的例子，稍加观察即不难发现。但是，实战对局里蕴藏的捉双的可能性，但却需要仔细分析才能发现。

如图 2 - 2 局面，黑双车双兵对白单车双兵，乍一看，黑子力占优，好象必胜。其实，轮白方走棋，只要把兵的升变术和捉双战术相结合，即可巧胜。

图 2 - 2

1．车 e8！！

如改 1．车 × d7

2．e6 车 d8 ！（妙手弃车）

3．车 × d8　车 f6 巧和。

1．…　车 × d7

2．e6 捉双，白胜。

如黑仍续以车 d8 弃车，白方有 3．ef 的妙着。

捉双战术在开局阶段的运用，一般较为少见。

 抽　将

一方活动一子后同时攻击对方两个目标，一面将军，一面捉子，这叫"抽将"。对方为了应将，不得不放弃被捉的棋子或兵，蒙受子力损失。因此，抽将战术是击双战术中相当厉害的一种，它以直接消灭对方有生力量、夺取子力优势为战术目的。

图 2-3 是马的抽将，着
法并不复杂。轮到白先，走车
×d7！，弃车杀马，是先弃后
取，暗伏下一手抽将得后的妙
手。黑应后×d7，白马 f6＋，
白抽将成功。

图 2-4 也是马的抽将，
但着法比上例复杂。

1. 后 b5！！

这一突如其来的弃后看起
来似乎是漏着。其实白方胸有
成竹，算准以后的变化，可先
弃后取。

图 2-3

图 2-4

2. … 后×b5

3. c8＝后＋　王 f7

白方弃后以后，变出一只新"后"。

3. 后×e6+！ 王×e6

这里，如黑应王f8，则

4. 马f4　　　后b2+

5. 王h3　　　后c2

6. 后d7　　　王g8

7. 马d5　　　王h8

8. 马e7　　　王h7

9. 马f5　　　王g6

10. g4　　　王g5

11. 王g3，下着

12. 后×　　g7#。

如黑11. …　g6防御，则白12. h4仍是杀棋。又4. 马c7+抽将，下着白马吃黑后，白净多一马胜定。

除以上马的抽将以外，后、车、象、兵等棋子都可进行抽将。

图2-5是后的抽将实例。

图2-5

1. 车 ×g7 + ！　王 ×g7

2. 后 d4 +

白方弃车杀象后，造成抽将的条件。下着白后吃车，多一马必胜。

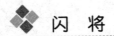

闪 将

闪开一子或活动一兵后露出后面的棋子给对方王照将的着法称"闪将"。这种战术在实战对局中经常见到，适于后、车、象等远射程子力（或叫"长兵器"）与其他子力配合运用。它是击双或双重攻击的一种形式，也是抽将的一种特殊形式。所不同的是，闪将是由前、后两子同时对对方展开攻击：一面照将，一面攻击。

图 2－6 是车兵残局中运用闪将的一个实例。白先车 c8！腾出空格，准备挺兵 a7、a8，强行变"后"，同时暗伏闪将抽子的着法。如黑方应以车 × a7，白王 b6 +，闪将抽车，白方得子胜。

图 2－6

图 2 – 7 中的闪将不是一下子能够发现的，需要花些时间才能算清楚。

图 2 – 7

乍一看，黑方形势危急。眼下已少一子，而且白方还威胁着两步杀：

1. 象 × d7 + 车 × d7

2. 车 b8。但是幸好由黑方走棋，黑方采用奇妙的闪将战术竟反败为胜。

1. … 后 d3 + ! !

黑方弃后，目的是下一步造成闪将。如白王退一格，黑后 × b1 吃车，接着还威胁着吃白 c1 位的象。如白接受对方弃后，白王 × d3，下步黑象 × c6 + 闪将，再下一步象 × a4 吃后，黑多一兵残局占优。

图 2 – 8 是实战局例，白方先弃后取，采取连续多次闪

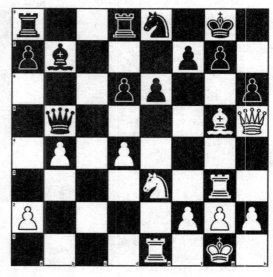

图 2 – 8

将的战术抽吃黑子，最后占得决定性的子力优势而胜。着法是：

1. 象 f6！   后 ×h5

2. 车 ×g7 +   王 h8

3. 车 ×f7 +   王 g8

4. 车 g7 +   王 h8

5. 车 ×b7 +   王 g8

6. 车 g7 +   王 h8

7. 车 g5 +   王 h7

8. 车 ×h5   占优。

闪将或带将的闪击有时也可用作防御的手段。如图 2 – 9 局面，黑占明显的子力优势，但无法兑现。

1. 车 f5 +   王 e6

2. 车 e5 +   王 d6

图 2 – 9

有人可能认为白方已输定，现在显然已经不能续以有意义的照将。但是白方突出妙手：3. 车 d5 + ! !，黑王不得吃车，因白有 4. c4 + 闪将抽后。于是黑王只得再度躲开。

3. …王 c6

4. 车 c5 + ! ! 王 b6

如黑王 ×c5，则白 c ×b5 照将抽后。

5. 车 b5 + ! ! 王 a6

6. 车 a5 + ! ! 白方弃车长将。

无论黑王试图在哪一个格子吃掉白车，它都无法避免闪将，结果总是要丢后，于是白方谋得和局。

以上是闪将制胜和谋和的局例，有时也有防御闪将的情况。如图 2 － 10，黑方威胁着象 f3 闪将的杀着。但现轮白方走棋，白方采取兑子术进行防御，请看：

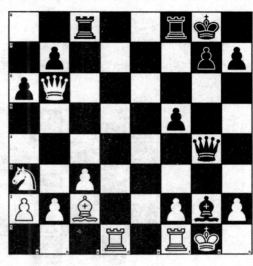

1. 后 e6 ＋　　王 h8

2. 象 × f5！，白棋开始对黑后进行骚扰活动。如黑

2. …后 ×f5，

3. 后 ×f5　车 ×f5

4. 王 × g2，白方解围以后多一子必胜。如黑

2. …后 g5，则

3. f4！　　　后 ×f5

4. 后 ×f5　车 × f5

5. 王 ×g2

图 2 － 10

结果仍然是白方多一子胜。

双　将

"双将"是闪将的一种特殊形式。这时闪开的子和它后面隐蔽着的棋子一样，也向对方的王进行攻击，即进行"将军"。这是两个子互相密切配合同时向对方的王发动的一种双重攻击。一般，照将时王可采取垫子、吃掉对方照将的子或躲避三种方法防御。双将时被照将的王就没有这么多的防御手段可以采取了，它只有躲开照将这一着。因此，双将是极厉害的战术手段，往往造成杀局。这类杀局称为"双将杀"。

图 2 － 11 局面，白车被黑象牵制，似乎一时无计可施。其实，白方含有双将杀的战术攻击机会，请看精妙着法：

1. 车 ×f6！象 ×d1

白方采取"金蝉脱壳"计，弃后入局。

2．车 g6＋＋　王 h7

白方闪车双将。黑方唯有躲王一招。

3．车 g7＋　王 h8

4．车 h7＋＋　王 g8

白方又是一个闪车双将，迫使黑方躲王后陷入杀局。

5．车 h8＋杀！

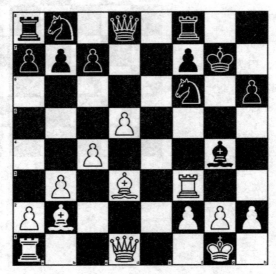

图 2－11

引　入

采取弃子弃兵或交换子力的手段，将对方某个棋子引入不利位置或将对方的王引入绝地击毙，这叫"引入"。这种战术与下面要讲到的"引离"战术相似，目的在于强行调动对方子力，破坏对方子力协同。在实战中，引入战术常常与捉双、双重攻击、堵塞、拦截、消除防御等其他战术结合起来使用，为其他战术的实施创造条件。

如图 2－12 局面，白王捉黑马，黑象捉白马，双方形成互捉的形势。现轮白方走棋，白方巧妙地采用引入战术，把黑象引入不利位置，造成两子分捉对

方两子的捉双局面。着法是:

1. b4　象×b4

2. 马 c2

白王和白马分别攻击对方马象,黑方马象两子,必失其一,于是白方得子胜。

如图 2－13 局面是引入与拦截(拦截战术以后要讲到)相结合的战术攻击实例。白方先走:

1. hg 车×h2

白方以象换马,引入黑车。粗看起来,黑车吃象后到底线照将有杀,但白方有回春妙手,接着采取拦截战术,造成捉双局面。

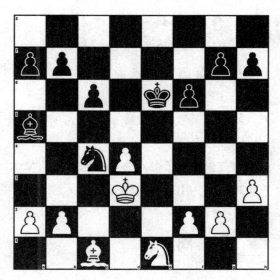

图 2－12

2. 马 h7!　车 2×h7

黑方双车被捉,被迫以大换小,造成失分。

3. gh 车×h7

4. 象 d3

白方后双车象对黑方后车马象,子力占优,以下白方胜定。

以上是引入战术在中残局里的应用实例。在开局阶段,有时由于一方行棋出现某些错着或漏着或严重违反开局的基本原则,另一方也可意外地取得采用引入战术的机会,例如:

图 2－13

1. 马 f3   d5

2. c4   马 f6

3. g3   象 f5

4. c×d5   马×d5

5. e4!   象×e4

6. 后 a4 +

白方采取弃子引入战术，把对方的象引入不利位置，然后成功地实现双重攻击术，用后抽将得子。

◆ 引 离

用弃子或兑子手段强制地将对方某个棋子引离重要的防御位置，这种战术叫"引离"，它的战术主题思想其实就是兵法中常说的"调虎离山"计。引离战术的运用常常和照将、要杀、捉子等牵制性的着法结合在一起，因此，常使对方不得不应。这种战术和"诱离"不同，后者不带强制性，战术的成功与否，取决于对方是否上钩。下面举几个实例：

图 2－14 是利用照将进行弃子引离的战术实例。如图轮白方走棋，白方需要 g4 格，以便白后占得以后对黑王进行决定性的攻击。但 g4 格现在正处于黑 c8 象的控制之下。怎么办呢？

白方可采取弃子引离战术。

1. 车× b7 +！

白方弃车杀象，希望将黑 c8 象引离 c8—h3 斜线，使它离开对 g4 格的防御位置。如黑

图 2－14

应象×b7，则2．后g4＋　王f6，3．后f3＋　王e6（或3．…王g5，4．h4　王h6，5．后f6＋　王h5，6．后g5#），4．后f7＋　王d6，5．后d7#

1．…象e7

黑方在实战对局时看到白方的杀王计划。因此，拒绝白方送来的"诱饵"，退象垫将，暂解燃眉之急。但白方还有续攻手段。

2．后h5！　车f8

白方下着要后f7＋，然后车b6＋等做杀。

3．后g5＋　王h8

4．马g6＋！　hg

白方弃马，引离h线黑兵。

5．后h6＋　王g8

6．后×g6＋　王h8

7．车b7×　e7

白方双车捧象，下着后g7绝杀。

和"照将"一样，"要杀"也可用作强制进行引离的一种战术手段。

图2－15局面是用要杀的威胁进行弃子引离的简单例子。这时轮白方走棋。白方的后如能进到h8，则立成杀局。但此刻黑f6象正严密看守此格，怎样引离黑象？

如果车e7要杀，黑方当然不能象×e7，因白有后h8闷杀。但黑可续走象g7，隔断白后与白车之间的联系，从而解除杀着的威胁。正确的引离着法是：

1．马e7！　象×e7 白方弃马，对黑方构成双重攻击，一面捉后捉车，一面要后到g8成杀。

黑方只有象×e7。

2．后h8#

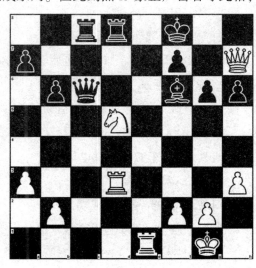

图2－15

引离成功，最后造成闷杀。

图2-16局面是用要杀威胁实现弃子引离战术的又一局例。

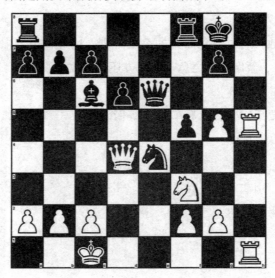

图2-16

白先，如走 g6 黑后×g6，白再后 c4＋，黑可 d5，掩护黑王。化险为夷。实战中白方巧施引离术，着法如下：

1．马 e5！　　de

白方威胁着要车 h8 杀。

黑兵被白马引离。如黑改走后×e5 则白 g6 弃后，下着车 h8 绝杀无解。

2．g6！　　后×g6

因有车到 h8 杀着威胁，黑后为解杀，被迫引离。

3．后 c4＋　　后 f7

或改3．…车 f7，结果也是闷杀。

4．车 h8#

闷杀。白方弃子引离成功。

强捉、强兑也是实施引离战术的常用手段。

图2-17局面。黑 e6 车坚守第6横排，保护 a6 兵，白方用强兑法进行引离：

1．象×e4！　车d×e4

2．车×e4　　车×e4

3．车×a6＋　王h5

如果3．…象f6

4．车×f6白方多兵，也是
必胜。

5．f3！黑方认负，下着

6．g4绝杀无解。

图2－18局面，白方弃车吃
兵，引离黑后，使黑后被追放弃
对h6格的防御，是"弃子引离"
的又一精妙局例，请看杀法：

图2－17

图2－18

1．车×g4！！　后×g4

2．后e8＋　　车f8

3．车h8＋！　王×h8

白引离黑王，使它离开保护f8黑车的位置。

4. 后 × f8 +　　　车 g8

5. 后 h6#

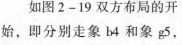

牵　制

"牵制"是国际象棋对局中最常用的战术，在布局阶段也不例外。牵制的各种不同形式，几乎在每一局棋中都可见到。

牵制一般需利用远射程棋子或长兵器（车、象或后）来进行。一方的某个棋子受到对方远射程棋子的攻击或拴链，由于它的后面有价值更大的或没有保护的棋子处于同一线（包括直线、横线和斜线）上而不得挪动时，称为"被牵制"。而主动进行攻击或拴链的一方则称为在进行"牵制"。

如果被牵制子后面是王，这时它就完全失去活动的自由，称"全牵制"。如果被牵制子后面掩护的不是王，而是其他棋子，这时被牵制子为了更高的战略目的或者为了进行战术攻击的需要，可以有意识地弃掉它后面掩护的棋子，或者弃掉被牵制子本身，以摆脱牵制。这种牵制状态称"半牵制"。

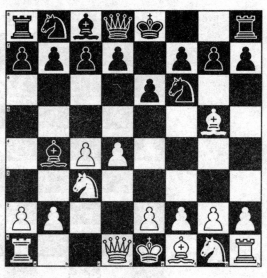

图 2 - 19

如图 2 - 19 双方布局的开始，即分别走象 b4 和象 g5，向对方进行牵制。细心观察局面，我们不难发现，双方的牵制形式有所不同，黑象隔马威胁白王，白马为掩护白王，绝对不能活动，这就是全牵制。而白象隔马威胁黑后，黑马和黑后将来有机会时都有活动的可能，尽管子力上或局面上会蒙受损失，但不会输棋。因此，这是半牵制。如上所述，被牵制方有条件时可采取弃子手段，解脱牵制。

牵制战术在中残局里的运用结果，往往是以牵制方占得子力优势而终局。如图2-20是实战比赛中演成的残局。轮白方走棋。如白走g8（变"后"），则黑方可应以马e4+。接着白车×e4，黑车×g8，用抽将战术，弃马换后，最后形成车对车象的残局，如应对正确，可成和局。但这里白方可用牵制战术巧胜，走车f4+!!，弃车吸引黑王到f5位，黑王非吃车不可。于是造成全牵制状态。白方g8（"后"），黑马被拴不能闪将，以后白方后、象必胜黑方车、马。

下面举一例说明牵制战术在开局中的运用。白方在直行上和斜线上的双重牵制最终决定了黑方的全部命运。

图2-20

1. d4   马f6
2. 马f3   b6
3. g3   象b7
4. 象g2   g6
5. 0-0   象g7
6. c4   0-0
7. 马c3   d6
8. 后c2   马bd7
9. 车d1   车e8
10. e4   e5？

黑棋计划打开中心，但并没有为此做好充分准备。这时的局面与后翼象不从侧翼出动的一般古印度防御变局不同。兑兵以后，黑后在d线上正面对着白车，形成被牵制状态，给了白方战术攻击的良机。

11. de de（如图2-21）

如黑改走马×e5，则12. 马×e5 车×e5，13. f4车8，14. e5!，白方可利用黑b7象没有根子保护的弱点，展开双重攻击，结果同样是白方得子。

12. 象g5！

现在白方由 d 行和 h4—d8 斜线对黑棋进行双重牵制。黑无法摆脱牵制，陷入困境。下着白有象 h3 强兑威胁，白棋已计划好在 d 线这条开放线上叠置强子，以继续加强攻势。

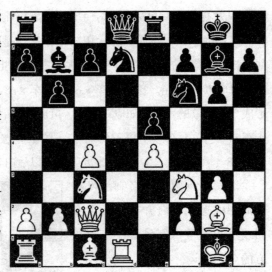

图 2 – 21

12. …　 c6？

纯属徒劳，黑方原意在阻止 c3 白马入侵 d5，但其结果只能导致黑方失子。改后 e7 稍好。

13. 象 × f6　 象 × f6

14. 象 h3　 车 e7？

黑又是一步错着，如改走象 c8，白方虽可多一兵，但黑方不致失子。

15. 车 d6　 后 c7

16. 车 ad1　 车 ad8

17. 后 d2！　 象 c8

18. 车 × f6

白方得子胜。此例充方说明牵制战术在限制对方子力活动中的妙用。

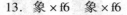

封　塞

采取弃子或弃兵手段，引诱对方子力自我堵塞攻防要道或王路的战术，叫"封塞"，有的棋书中称为"封锁"。这是以限制对方子力活动，破坏对方子力协同为目标的另一种常用战术。实际上，它是弃子吸引战术的一种特殊形式。

封塞战术用来堵塞对方王路时，最终结果往往造成闷杀。

图 2 –22 局面是实战中局里运用封塞战术强迫对方自我堵塞要道的

实例。

如图 2-22，白方想要打开 f 线，发动王翼的攻势。但如径走 1. f5，黑可 1. …g5，顶住白 g4 兵，暂时封闭。这样，白方打开 f 线的战略将难以实现。于是，白方采取弃兵吸引术：

  1. g5！   hg

  2. f5！   马 f8

黑 g6 兵因自己 g5 兵的堵塞而无法挺起。

如 2. … gf，则 3. 象

图 2-22

× f5，以下有 4. 象 × d7 和 5. 后 g3 准备闪击的双重威胁。黑方陷入困境。

  3. 后 g3！   后 × d4

  5. fg   fg

  5. 后 × c7   后 × d3

如黑后 × a1 接受弃车，则 6. 后 f7 + 王 h8，7. 象 c3 + 抽后，白胜。

  6. 后 f7 +   王 h8

  7. 车 f3！   白方得后胜。

图 2-23 是车兵残局的一例，轮黑方走棋。针对双方抢先挺兵升变"后"的形势特点，黑方采取封塞战术，弃车堵塞白兵进路，得以挺起边兵，先白一步变"后"而胜，

图 2-23

着法如下：

1. … 车 c8 ！！

2. 车×c8　　a2 ！

白车吃黑车以后，使自己 c 线通路兵前进升变受到障碍，造成自我堵塞。如改 b7，黑方只要置之不理而走 a2，结果仍是黑胜。但黑不能应车× c7，否则白车 c8 强兑车，白胜。

3. 王 a4　　王 c4

4. 王 a3　　a1（＝后）#　　黑胜。

图 2－24 是南斯拉夫特级大师伏科维奇创作的一则排局，白先胜，着法十分有趣。它是白方运用封塞战术，弃兵阻塞对方马路的一个典型例子。

图 2－24

如图 2－24，白方必须把马调到 c2 格才能造成杀着。如果白方走马×f7？或马 b7？，黑马可由 h7—h8—g6×f4 的路线，及时赶到 d3 或 e2 照将，于是驱开白王，解除危局。因此，白方必须采取封塞战术，即走 g6！，迫黑 fg 吃兵，使黑

g6 兵自阻马路。然后再走马 f7 或马 b7 即可达到取胜目的，例如：2. 马 f7 d5（如 2. …g5，3. 马×g5 马×g5，4. fg，以下白兵变"后"胜）3. ed cd，4. 马×d6　马 f6，5. 马×c4　马 e4（或 5. …　马 d5，6. 马 d3，下着马 b3 杀），6. 马 e3，下着马 c2 杀。

图 2－25 是采取封塞战术，弃子堵塞王路然后造成闷杀的实例。

轮黑方走棋：

1. …d×c6

2. 象 × c6

黑方先用兑兵法引开白象。

2. …　　后 d3 +

3. 王 g1　马 e2 +

4. 王 f1　马 g3 + +

5. 王 g1　后 f1 +

黑方弃后堵塞白王，使白车吃黑后，自阻王路，造成闷杀的机会。

6. 车 × f1 马 e2# 闷杀！

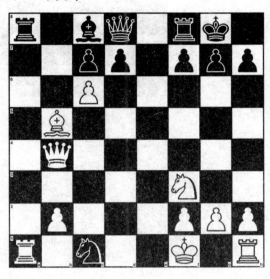

图 2 – 25

 包 围

　　把对方某个棋子赶到不利位置，使它失去活动的能力，发挥不了子力的效率，然后伺机围歼的战术，这叫"包围"。它和牵制、封锁等战术有异曲同工之妙，目的也是以限制对方子力活动、破坏对方子力协同为目标。例如把对方的马撵到 h8 格或 a8 格，即逼到棋盘角上，就是对马进行包围的一种典型形势。在某些局面里，有时不在棋盘角上，也可利用子力的配置

和局面的特点，造成包围对方的形势。

图2-26局面，由白方先走，白方对黑马进行战术包围，使它失去活动性，然后进行围歼。请看白方的精妙着法：

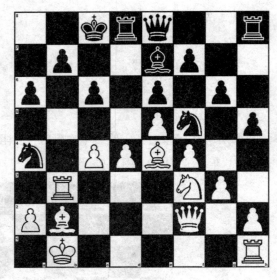

图 2-26

1．象 a1！　　后 d7

2．c5！　　　后 c7

白方退象避兑，然后进兵断去黑马后路，对黑马构成包围的形势。

黑方下步企图走 b5，通过子力交换，解救黑马。

3．车 c1！　车 d7

4．后 e1！　车 hd8

5．后 b4　　马×c5

白后捉死黑马，以下黑方垂死挣扎。

6．dc　　　车 d1

7．象×f5　gf

8．象 d4　　车×c1＋

9．王×c1　包围战术成功，白得子胜。

图2-27局面提供了包围象的一个典型例子。这时，轮黑方走棋。如黑误走象×a2？则白 b3！截断黑象归路，然后王 b2，活捉黑象，白胜。

图2-28是包围象的又一个典型实例。轮黑方行棋，黑 1．…象×d3！

如 2．后×d3 车×e2，3．后×e2 d3！捉双 4．象×f6 de！捉双，黑胜。

如 2．车×e8，象×f1，3．车×f8＋　王×f8，4．王×f1　象×c2，黑残局多一兵胜势。

如 2．c×d3 吃象，则白象永远被围住，结果等于少一子。

以上是包围战术对马、象这类弱子的运用实例。实际上，包围战术对后、车一类强子也同样有用武之地。

图 2 - 27

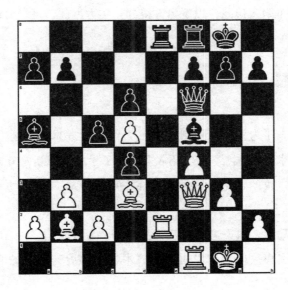

图 2 - 28

51

图 2－29 局面，黑方巧妙地采取兑子和弃子的战术手段，把侵入第 7 横排的白车诱到绝地，然后运用包围战术，一举加以围歼，从而以马换车，实现有利交换，最终以子力优势获胜。着法是：

1. …　　　车 d8

2. 车 e7　王 f8

黑兵形有利，后翼多兵，因此邀兑白车，希望兑车后转入优势残局。白车侵入对方腹地，岂肯兑车，平车反捉黑

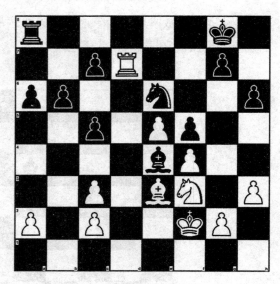

图 2－29

马。但一波未平，一波又起，白方此着授人以隙，使黑方有了弃马的妙手。

2. 车 × e6　王 f7

至此，白车陷入包围，以下黑方得分，实力占优，可轻易取胜。

❖ 拦　截

在破坏对方子力协同，限制对方子力作用的战术中，还有一种常用的战术是拦截战术。"拦截战术"经常采取弃子手段，切断对方棋子之间的联络或堵塞它们进攻的通路。这种战术在中局或开局向中局过渡的阶段，屡见不鲜。

图 2－30 局面，白方邀兑黑后。黑方对白后的根子——d1 位的车无法消除，也不能引离，但是可以用拦截战术切断白后与白车的联络。着法很简单。

1. …马 d3＋！

黑马依靠 c4 位黑卒的支持，进到 d3 将军，强行拦截，切断白后与后方的车之间的联系。白方为了不致失后，只得忍痛用车换马，于是失半子而负棋。

2. 车×d3 c×d3

3. 后×d3 车 d8

4. 后 c4＋ 王 b8，下着黑后 e1＋ 胜。如白 5. 后 c3 防御，则 5. …后 e2，亦胜。

图 2 - 31 局面，白车 g3

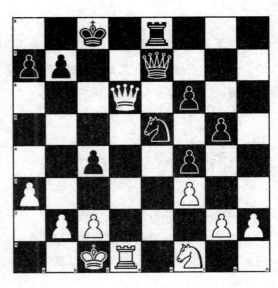

图 2 - 30

如能运到 h3，则顿成绝杀。但黑有后、象联军，在 a8—h1 大斜线上瞄准 g2 白兵，以要杀进行牵制战，使白车无法实现上述 g3—h3 的调动。怎么办？白方可采取拦截战术，走：

图 2 - 31

1. 象 d5！

白象不怕牺牲，借助 c3 马的力量走到 d5 格，堵住 a8—h1 斜线，像一座大山从天而降，挡住黑后，使黑后和黑象英雄无用武之地。如黑方退后避打或 ed 接受弃子，则 2. 车 h3 即成绝杀！于是黑方只得缴枪。

消除防御

消除防御也是破坏对方子力协同的一种战术。上面已经讲过的引离合引入战术，都有排除防御的目的，但它们都不是直接吃掉对方的防御子或消灭对方的根子，直接吃掉对方防御子或根子的战术叫"消除防御"。

下面举几个实例：

如图 2－32 局面，白方用照将强兑的手段达到消除防御的目的。

图 2－32

1. 马 e7 ＋ 王 b8

双方的后互相邀兑，黑后有根子或防御子 c6 位黑马加以保护。白马到 e7 照将，是弃子引离，如黑子接受弃子，则黑后脱根，离开防御子，白后即可白吃黑后，占得绝对的子力优势。黑方当然不能同意。

黑如改走王 d8，白方也用同样的应着取胜。

2. 马 × c6 +

这就是消除防御。白方用照将强兑的手段消灭了黑后的根子黑马，于是下着白吃黑后，黑负。

图 2 – 33 是兑子消除防御的另一例。

这时轮白方走棋。如白后到 b5 照将，黑马 c6，正好保护住黑 a5 位象。白方一无所获。但是白方只要稍稍变更一下着法次序，用兑子法预先消灭黑后翼马（此马当白后照将时可以跃出垫将并保护黑象），采用消除防御战术，即可实现下一步抽将得子的战术目的。请看着法：

图 2 – 33

1. 象 × b8！   车 × b8

白象一箭定江山，以象换马以后，白方消灭了 a5 黑象的保卫者，于是白后抽将时，黑象就无根子保护。

2. 后 b5 +   象 d7

3. 后 × a5

白方得子胜。

◆ 腾 挪

在国际象棋对局中，有时主攻方的某个棋子夺去了其他棋子的重要格位或者阻塞了另一棋子的重要线路，以致妨碍了进行战术攻击。这时可采取弃子、兑子或其他强制手段腾出格位或腾开线路，这种战术叫"腾挪战术"。腾挪战术有腾出格位、打开通路、敞开大斜线等几种不同形式。

一、腾出格位

如图 2 - 34，轮黑方走棋，如果黑马能到 f3 位将军，则成杀局，但 f3 格现由黑车占据，妨碍黑方自己实行上述攻杀计划。这时可用腾挪战术腾出 f3 格，请看着法：

1. …车 f2 +

2. 王 h1　车 h2 + ！

黑车照将腾挪，腾出 f3 格，但白王退到 h1 格后，黑马不能带将进到 f3 格。黑方于是弃车吸引白王，使白王回到原来的 h2 格。

3. 王 h2　马 f3 +

4. 王 h1　车 × g1#

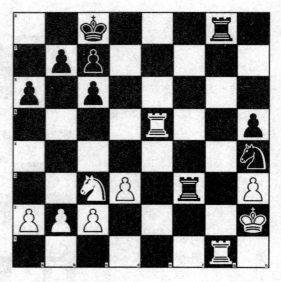

图 2 - 34

图 2 - 35 局面，如果白先：

1. 车 × h8　车 × h8

2. 车 × h8　后 × h8

3. 象 × g5，这样白方虽得一兵，但黑有 3. … 后 h2 + 。

4. 王 d1　后 g1 +

5. 王 d2　后 f2 +

图 2 - 35

6. 后 e2　　后 d4 等变化，白方难胜。但如采取腾挪战术，则白方可轻而易举地取胜。

1. f6！　　　后 ×f6

弃兵腾出 f5 格，以便以后白后可由此进攻。黑如拒吃弃兵，改走后 f8，则 2. 后 f5 +　　王 d8，3. 象 ×g5 白方得兵后控制局面，以后稳胜。

2. 车 ×h8　　车 ×h8

3. 车 ×h8　　后 ×h8

4. 后 f5 +　　王 e7

5. 象 ×g5 +　　f6

如 5. …　王 f8，6. 后 c8 +　王 g7，7. 象 f6 +抽后。

6. 后 e6 +　　王 f8

7. 后 c1 +　　王 g7

8. 象 f6 +

结果还是抽后，白胜。

二、腾出通路

如图 2 – 36 局面，白方采取弃兵腾挪的手段，先弃 f4 兵，再弃 d4 兵，打开第 4 横线的通路，以便白后可以由 h4 调到 b4 格将军。

1. f5！　　e ×f5

如黑 1. …　g × f5，则 2. 车 g3 提后；如 1. …g5，则 2. 后 ×h5　后 × f6，3. f × e6，以下有双重威胁：e7 +抽车和车 f1 提后攻王。

2. d5！　　车 d6

图 2 – 36

白再弃一兵，到此黑方不损失子力就难以防御下一着后 b4 + 的威胁。

如黑改走马 × d5，则 3．象 × d5　象 × d5，4．后 b4#。

3．马 × h5！　　后 h6

白弃马腾开 h4—d8 斜线。

4．后 e7 +　王 g8

5．d × c6　车 f8

6．车 ce！　车 × c6

7．马 f6 +　王 g7

8．车 h3

捉死后，白胜。

三、敞开大斜线

如图 2 - 37 局面，白
方用腾挪战术，弃兵打开
大斜线，从而能够闪将
取胜。

1．e6！　　fe

2．象 × g7　王 × g7

白方弃兵打开大斜线
以后，以象换马，吸引黑
王进入 a1—h8 的大斜线，
以便对它进行致命的
打击。

3．马 f5 + +　王 g8

4．马 h6#

末着白方走后 g7 #，
也成杀局。

图 2 - 37

顿 挫

国际象棋战术组合的实现常常要借助强制性的中间着或过渡着，例如将军和有力的威胁着法，以迫使对方走上预定的变例，或赢得重要的步数，为决定性的战术攻击创造条件。这种强制性的中间着或过渡着称为"顿挫"，它不但在残局里而且在开、中局阶段都是常用战术。

图 2 – 38 局面，是实战对局弈至第 15 回合时出现的局面。现在轮到白方走棋。黑方满以为白方接走车 a×c1，则自己马 b8，可暂时先守住。但是黑方没有看到，白方采取顿挫战术，一下子改变了形势，使黑方预定的防御计划完全落空。

16．车×d7！　后×d7

白这一顿挫，也是弃子吸引术的运用。

17．后 g4　　后×f5

白方现在对黑方有双重威

图 2 – 38

胁：一方面要后×g7 杀；另一方一面要马×h6＋抽后。黑方为挽救危局，只有忍痛放弃自己的后。

18．e×f5　　象 g5

19．h4　　　象 e7

20．车 d1　　车 ad8

黑方以一后换取车马，在子力上得不到足够的补偿。

21．车 d5　　象 f6

22．车×d8　　车×d8

23. 后 h5　　车 d7

24. g4　　　e4

25. g5　　　白胜。

◆ 暴　露

利用弃子手段破坏或消除在敌王前面作为掩体的兵的防线，达到暴露敌王、利于攻杀的目的，这种战术称为"暴露"。暴露战术的直接的战术结果往往是将死敌王。但有时是迫使对方为挽救自己的王而蒙受决定性的子力损失。这种战术在中局和开局向中局过渡的阶段较为常见。

下面以一实战对局为例。

1. e4　　　e5

2. 马 f3　　马 c6

3. 象 b5　　a6

4. 象 a4　　马 f6

5. 0—0　　象 e7

6. 车 e1　　b5

7. 象 b3　　0—0

8. c3　　　d5

这是西班牙布局中的非常尖锐的一种变化——马歇尔攻击法。白方弃掉 e5 兵，赢得了在王翼发动进攻的时间和条件。

9. e×d5　　马×d5

10. 马×e5　　马×e5

11. 车×e5　　马 f6

12. h3　　　象 d6

13. 车 e1　　马 g4

黑弃马抢攻，如白接受弃子，14. …后 h4，将有极强大的攻势。

14. g3？（如图 2－39）马×f2！

白错着！授人以隙，使黑方取得弃子暴露白王的机会，正着应走后 f3。

15. 王×f2　象×g3＋!

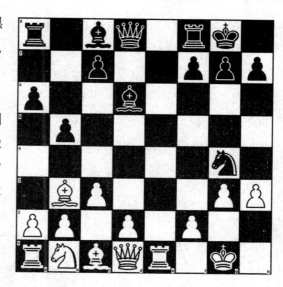

图 2－39

如白应以 16. 王×g3，则黑后 g5＋，17. 王 f2（王 h2 后 f4＋，18. 王 g2　象 b7＋）后 h4＋，18. 王 e2　车 e8＋黑胜。但是，拒吃弃子，结果也难幸免败局。

16. 王 g2　　后 h4

17. 象×f7＋　王 h8

18. 后 h5　　象 b7＋

19. 王 g1　　象 h2＋!

20. 王 f1　　后×h5

白负。

如王×h2，则后 f2 杀。

此例黑方连弃两子，突破白王兵防，犹如舍身炸碉堡，着法惊险勇猛，令人叹为观止。

以上是暴露战术在开局向中局过渡阶段时的运用实例。在实战对局的攻王战斗中，这种暴露战术的运用更为常见。

 ## 兵的升变

兵升变的结果使升变方的子力增强，双方实力对比出现有利于升变方的变化，因而为升变方的谋胜造成了必要的物质条件。因此，当一方的某个兵进到接近对方底线的横排时，例如白方的兵进到第 6 横排或第 7 横排，黑方的兵进到第 3 横排或第 2 横排时，就应当竭尽全力，排除一切障碍，继续进兵，助兵升变。这是争取胜利的一种常用战术，几乎每局棋中都有这样的机会。

兵升变时，变什么棋子最为有利呢？这决定于当时的棋局形势。一般说，"后"是各兵种棋子中威力最大的棋子，所以兵在升变时应当首先考虑升变为"后"。但是，也有一些特殊的局面，变后的结果可能造成无子可动的"逼和"或"长将"，或互相对攻的局面，失去了本来可胜的机会。这时，升变方就应根据局面的具体特点，考虑变"车"、变"象"或变"马"的方案，这叫"特殊升变"。

一、变"后"

图 2-40 局面，白兵进到第 7 横排，被黑王顶住，似乎无法升变，但白方可采取弃子吸引的战术助兵升变。

1. 象 a7 + ！　车 × a7

2. 车 × a7

白方威胁着下着车 a8 + 再 b8 变"后"。如黑王 × a7 吃车，则 3. b8（=后）胜；如黑马 × b7，则 3. 车 b × b7 + 王 c8，4. 车 × g7，以下双车必胜单车。

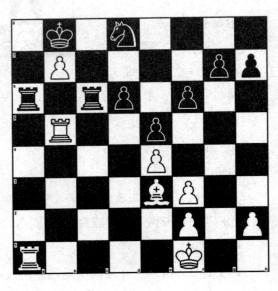

图 2-40

上例是中残局时兵的变"后"实例，这在实战对局里是较常见的。但是，兵的升变并不是仅仅在中残局时才有可能出现。有时，在开局阶段也能用上。下面举个实例：

1. d4　　　　d5

2. c4　　　　c6

3. 马 f3　　　马 f6

4. e3　　　　象 f5

5．后 b3　　后 b6

6．e×d5　　后×b3

7．a×b3　　象×b1

黑方在吃 d6 兵以前，决定先换掉 b1 的白马，如果改走 c×d5，则 8．马 c3，下着有 9．马 c3－b5 的威胁。

8．d×c6　　象 e4 （图 2－41）

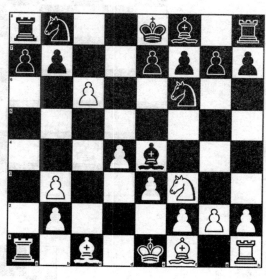

乍一看，似乎白棋走错。d5 兵吃掉 c6 位黑兵后，威胁着要吃 b7 黑兵；但黑象由 b1 退到 e4 正好守住 b7 位，这样白棋不是要白丢一马吗？然而白方此时有弃车的巧着可助兵变"后"。

9．车×a7！　　车×a7

10．c7！

双重威胁！以下白兵即可成功地变"后"。

图 2－41

二、兵的特殊升变

实战对局中有另一种情况，兵到底线变"后"结果反而不利。例如：在本属我方胜势的局面下，由于兵升变为"后"却造成逼和、长将的强制和局，或者给对方提供对攻、对杀甚至反杀的机会。

一般说来，变"车"或变"象"的战术目的大多数是为了避免出现逼和，因此主要见于残局。变"马"的战术目的大都在于避开对攻、对杀或反杀的可能，因此，在中局阶段较为常见。同时应当注意的是，兵升变为"马"时，一般都带有将军或抽将。

图 2－42 局面，白兵变"车"胜，变"后"则成逼和。因此必须变"车"。

1. g8（＝车）王 a2

2. 车 a8 杀，白胜。

图 2－42

图 2－43 局面，白兵变
"象"胜。

1. f5＋！　　王 ×f5

2. 马 h6＋　　车 ×h6

3. f7　　　　马 g5＋！

4. 象 ×g5　　王 ×g5

5. h4＋！　　王 g6！

6. f8（＝象）!!王 ～

7. 象 ×h6

白方象、兵胜定。第 6 回合
白兵如变"后"．则黑无子可
动，成逼和。

图 2－44 局面，白兵变"马"胜。

1. f ×e8（＝马）＋　王 e4

图 2－43

2. 马 × g7

以下白马吃掉黑 h5 兵，支持 h 兵变 "后" 胜。

图 2 - 44

图 2 - 45 局面，白兵变 "马" 胜。

如白兵变 "后"。则 1. f8 （ = 后） 后 c2 + , 2. 王 f3 后 e2 + , 3. 王 f4 后 e4 杀，黑胜；又如 1. 象 × c8 车 f1 + 抽后，亦黑胜。因此，正确的胜法只能兵变 "马"。

1. f8 （ = 马） + ! 王 g8

2. 象 e6 + 后 × e6

3. 后 × e6 + 王 × f8

4. 后 × d5

图 2 - 45

白后四兵对黑车象三兵，残局的子力优势可轻易夺得胜利。

图2-46局面，白方先后弃去车、后两子，进兵到底线变"马"抽将胜。

1．车c8＋！ 车×c8

2．后a7＋！ 王×a7

3．b×c8（＝马）＋！

下着不论黑王躲向哪里，白马到e7吃"后"胜。如黑改走2．…王c7，3．b×c8（＝马）＋闪将，抽后，也是白胜。

图2-46

 谋和战术

国际象棋规则规定：长将是允许着法，逼得对方无子可动的逼和局面判为和局。另外，长捉也是允许的。因此，在实战对局中，弱势的一方常常利用长将、逼和、长捉等手段强制求和。这是以强制和局为目的的一种战术。下面依次介绍长将、逼和、长捉等谋和战术。

一、长将

当一方的进攻子力不能进行制胜的攻击，同时也不可能瓦解敌王周围的阵地并组织追击时，常常采用长将手段强制成和。这时，造成长将的主要子力通常是后。

图2-47局面，白后、车对黑后、车、象，白方势弱。但现在轮白方走棋，白采取弃车吸引同时堵塞的战术造成长将，追成和局。

1．车h5＋！ gh

白方这着弃车目的在于暴露敌王，以便造成长将。黑方非用兵吃车不可，否则，如 1．… 王 ×h5，2．后 ×g7，黑方失后必败。

2．后 d6 +　后 g6

3．后 f8 +

白后在 d6 和 f8 两个格位照将，黑方无法避免，于是成长将和。

图 2 – 47

图 2 – 48 局面，白方如何阻止黑兵升变成"后"？只有一个办法，就是采取要杀和长将相结合的双重威胁法。

1．马 b8

白方准备下着马 c6 杀黑。

1．… 王 a7

黑逼走之着。如黑贪胜而走 a1（＝后），则 2．马 c6　后 a7 +　3．马 × a7　王 × a7，4．车 g6，白车盯住两只黑兵，以下逐个消灭，白胜。

图 2 – 48

2. 车 b4 　　a1 （＝后）

3. 马 c6 + 　　王 a6

如黑王 a8，白车 b8，杀。

4. 马 b8 + 　　王 a5

5. 马 c6 + 　　王 a6

6. 马 b8 + 　　长将和。

图 2-49 是两位前世界冠军阿廖欣和拉斯克 1914 年在莫斯科一次国际赛中弈成的局面，他们对局的前 12 回合是这样下的：

1. e4 　　　　e5

2. 马 f3 　　马 c6

3. d4 　　　　e×d4

4. 马×d4 　　马 f6

5. 马 c3 　　象 b4

6. 马×c6 　　b×c6

7. 象 d3 　　d5

8. e×d5 　　c×d5

9. 0-0 　　　0-0

10. 象 g5 　　象 e6

11. 后 f3 　　象 e7

12. 车 fe! 　　h6

图 2-49

为了解除白方黑格象对黑方造成的威胁，黑方走 h6，结果被白方抓住机会采取弃子手段，破坏黑王阵地，造成长将。

13. 象×h6! 　　g×h6

14. 车×e6! 　　f×e6

15. 后 g3 + 　　王 h8

16. 后 g6 　　后 e8

17. 后×h6 + 　　王 g8

18.　后 g5 +　　　王 h8

19.　后 h6 + 长将和。

二、逼和

逼和在实战对局里比较少见。一般地说，在子力兑消的残局阶段才有机会运用这种战术谋和，而在中局阶段则很少有机会造成这类局面。

图 2－50 局面，白方少一子，白王面临杀棋的危险，显然已到认输的时刻。但白方采取对方意想不到的巧着而造成逼和。

图 2－50

1.　h4！　　　车 e2 +

2.　王 h1　　　后 × g3？？

黑方没有察觉白方的意图，随手吃掉 g 位白兵。这一来，白王已不能动了。白方只要弃去多余的两子即可造成逼和。

3.　后 g8 +！　　　王 × g8

4.　车 × g7 +

以下不论黑方用王还是用后吃掉白车，结果都成逼和。

图 2－51 局面，黑方车马双兵对白方单后，本来应是胜势。但黑方在实

现最后一击之前没有预先巩固自己的阵地，采取防止逼和的手段，结果被白方巧着成和。

图 2 – 51

1. …　　　　　王 h3

2. 后 × f4！　g2 +

3. 王 f2　　　车 f6

黑方企图在 4. 后 × f6 之后应以马 e4 + ，但白方出其不意地走出：

4. 王 g1！！

弃后！巧成逼和。

图 2 – 52 是人工排拟的逼和排局，着法十分奥妙。乍一看，黑兵变"后"不可阻挡，白方唯有认输。但白有巧着可成逼和。

1. h7 +　　　　王 h8

2. 象 g7 +　　王 × h7

3. 象 a1 + ！　王 g6

4. 车 × c6 +　　王 h5

5. 王 b2！　h1（= 后）

6. 车 h6 +

弃车。巧成逼和。

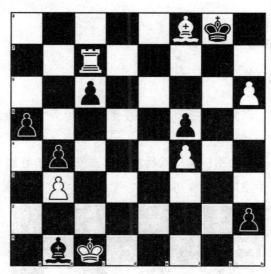

图 2 – 52

三、长捉

图 2 – 53 局面，黑方各子
位置不利，他们的主要弱点是
互相不协调。黑后虽然还没受
攻击，但在局中不起作用，而
眼前白 e4 – e5 对黑威胁很大。
黑方只有利用白方局面弱点施
展长捉战术，强制成和。

1. … 象 g4！

2. h×g4   马×g4

如 2. 后 f2 象 × e2，
3. 马×e2   后×f2 +，黑方
无所畏惧。

3. 车 fe！   马 h2！

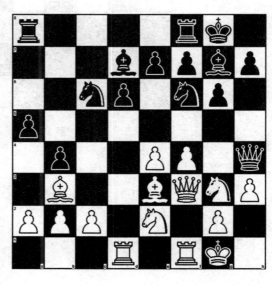

图 2 – 53

4. 后 f2　　　马 g4

5. 后 f3　　　马 h2

黑马长捉白后，和局。

四、局面和

在残局阶段，弱势一方有时采取弃子和兑子等手段造成理论和棋的局面。

图 2－54 局面，白车、象、双兵对黑车、象，处于胜势。但黑方先行，采取兑子和弃子手段最终造成巧和。

图 2－54

1. …　　　　车 a1 +

2. 车 f1　　　车 × f1 +

3. 王 × f1　　象 h3 +

4. g × h3　　　和局。

第三章　常用杀法

　　国际象棋比赛中，除了在子力上占绝对优势，对方觉得无法支撑下去而认输，或对方超过比赛规定的时限判负之外，赢棋的唯一办法就是杀死对方的王。

　　杀死对方王的方法有很多，本书将介绍一些常用的杀法，以帮助读者更进一步地了解各种棋子的性能和他们联合作战的方式，培养较强的攻王意识，形成积极进取、勇于拼搏的棋风。

 ## 直线杀法

　　由后、车在其它兵种的配合下，从直线格正面攻王取胜的杀法称为"直线杀王法"。直线杀王法由重子后、车充当先锋，其他兵种在后面策应。

　　图 3-1 是后、车在象的掩护策应下直线杀王。

　　白先胜：

1. 象 h2 +　　车 d6

2. 象 × d6 +　　王 a7

图 3-1

3. 后 a5#

黑先胜：

1. …　　　　　象×c3 +

2. 王 b1　　　车 b4#

图 3 – 2 是后、车在马的
策应下直线杀王。

白先胜：

1. 马×c6 +　　王 a6

2. 后 a5 +　　王 b7

3. 后 b5 +　　王 a8

4. 后 a6#

黑先胜：

1. …　　　　　马 f3 +

2. 王 h1　　　车 h8#

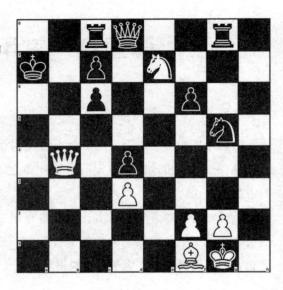

图 3 – 2

 底线杀法

　　后或车在其它棋子配合下，从第 8 横排或第 1 横排攻王取胜的杀法称为
"底线杀王法"，这种杀王法常因王向外逃的出路受阻或被对方控制而被
将死。

　　图 3 – 3 的局面，黑方子力占优，白方利用黑方底线防御薄弱采取诱骗，
造成底线杀。

　　白先胜：

1. 后×f8 + !! 王×f8

2. 象 a3 +　　王 g8

3. 车 e8#　　白胜

此局若黑先走，也可造成底线杀：

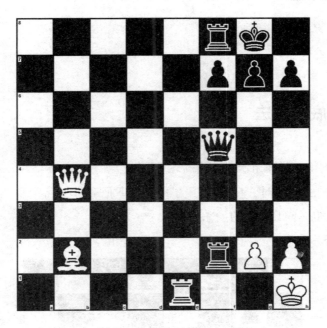

图 3 – 3

1. …   车 f1 +

2. 车 × f1   后 × f1# 黑胜。

图 3 – 4, 白王前虽没有被阻塞, 但黑马控制白王退路, 也能造成底线杀。

1. …车 × d2 !

黑利用弃子、诱骗、底线杀王的一连串战术组合摧毁白方防御阵地取胜。

2. 车 × d2

如走 2. 后 × d2, 则黑后 × d2, 3. 车 × a2 车 c1 +, 4. 车 d1 车 d1# 黑胜。如 2. 车 × g4 车 × d1 黑方失子。

图 3 – 4

2. …后 × g3！

3. 后 × g3 车 c1# 黑胜

次底线杀法

白方的第 2 横排和黑方的第 7 横排称之为"次底线"。当攻方的强子后、车攻入次底线时,在其他子力的配合下把对方王将死称为"次底线杀"。此法也是颇具威力的"杀手锏"。

如图 3 – 5:

图 3 – 5

白先胜:

1. 马 c6 + 王 a8

2. 后 × a7#

黑先胜:

1. …马 d4 +

2. 王 g1　马 e2#

图 3 - 6 白方采用弃子诱
骗战术，造成次底线杀。

1. 后 d5 + ！　　车 × d5

2. 车 × g7 +　　王 h8

3. 车 × h7 +　　王 g8

4. 车 g7#　　白胜

 斜线杀法

图 3 - 6

王在直线、横线上出路受
阻，被对方在斜线上将死，这
种杀法称之为"斜线杀王法"。斜线杀王法常用后、象来完成。

如图 3 - 7，白先胜：

图 3 - 7

1. 马 b6 +　　王 b8

2. 后 d6#

黑先胜：

1. …　　　　马 h3 +

2. 王 g2　　象 d5#

如图 3 – 8，白先胜：

1. 后 e6 +　　王 b8

2. 车 b1 + !　　王 a8

3. 后 d5#

黑先胜：

1. …　　　　象 × h2 !

2. 王 h1　　象 d6 +

8. 王 h1　　象 c5#

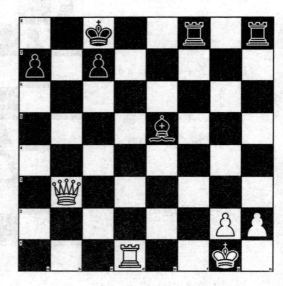

图 3 – 8

 ## 盘角杀法

把王逼至盘角，再将军杀王，称之为"盘角杀王法"。由于盘角是王活动范围最小的格，极易被将死，因此，盘角杀王法使用较多。

如图 3 – 9，白先胜：

1. 后 b4 +　　王 a8

黑方如象 b7，则后 × b7#

2. 马 c7#

黑先胜：

1. …马 f3 +

2. 王 h1　　车 × h2#

如图 3 – 10，白先胜：

1. a7 +　　王 a8

图 3－9

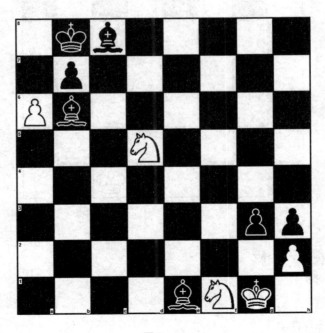

图 3－10

2. 马 c7#

黑先胜：

1. …象 f2 +

2. 王 h1　g2#

◆ 闷将杀法

当一方在攻击对方王时，对方王的出路被自己的棋子堵塞，或部分堵塞、部分被攻方控制，而造成王被将死，称之为"闷将"，也称"闷杀"。

如图 3 – 11，白先胜：

图 3 – 11

1. 象 d6 +　王 a8

2. 车 c8#

黑先胜：

1. …车 × f2 +

2. 王 g1　车 f1#

图 3 −12 是白方采取弃子战术造成闷杀。

白先胜：

1. 后 × d6 + ！　　王 a8

如黑走车 × d6，2. 车 × e8 象 d8，3. 车 × d8 杀。如黑王 c8，则 2. 马 × a7 + 象 × a7，3. 后 c7 杀。

2. 后 b8 + ！　　车 × b8

3. 车 × a7 + ！　象 × a7

白方弃车将黑象调离。

4. 马 c7　闷杀取胜。

图 3 − 12

 ## 闪将杀法

攻方将前锋线上的子闪开，露出身后的主攻子把对方王将死，此法称之为"闪将杀王法"，此法特点是：前锋躲闪子控制王的退路，使其无路可逃。

如图 3 − 13，白先胜：

1. 象 d6#

黑先胜：

1. …　　　　车 × b2 +

2. 王 a1　　车 b4 +

3. c3　　　象 × c3#

图 3 − 13

如图 3-14，白先胜：

1. 马×e6+　象 c7

2. 后×c7#

黑先胜：

1. …马 c3#

图 3-14

 双将杀法

攻方用两个棋子同时将军，使对方王无法同时摆脱被将困境的杀法。

如图 3-15 的双将。

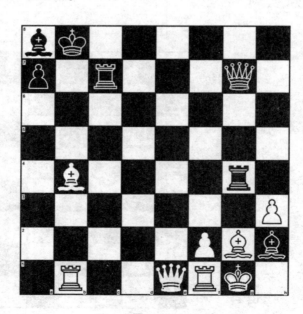

图 3-15

白先胜：

1．后 e8 +　车 c8

2．象 d6#

黑先胜：

1．…　　车 × g2 +

2．王 h1　车 g1≠

如图 3 – 16 的双将。

图 3 – 16

白先胜：

1．车 c8 +车 b8

2．马 b6#

黑先胜：

1．…　　后 a1 +

2．马 a1　马 c3#

第四章 开局原理

国际象棋和中国象棋棋理相通，每一局棋也分为 3 个阶段，即：开局、中局和残局。开局如同古代战场上两军对垒时的调兵列阵一样，它的主要任务是尽快出动子力抢占中心和战略要点，形成有利兵阵，协调各兵种间的火力配系，力争把握战场上的主动权，尽可能扩大自己棋子的活动范围，抑制对方棋子效力的发挥，为中局战斗打下良好的基础。因此说，好的开局是成功的一半，可见掌握开局原理的重要意义。

 ## 开局原则

开局和中局如何划分呢？一般是以双方轻子是否均以出动、王车是否易位、兵型结构是否确定、攻防部署是否妥当为标准。通常指一局棋的前 10 ~ 15 回合。

国际象棋开局的理论与基本原则很多，但大体可归纳为以下几点：

1. 尽快出动子力，占据战略要点

一般来说轻子（马、象）应先出动，用它部署阵地前沿，而重子（后、车）应后出。因重子先出常受对方轻子威胁、兑换，浪费己方步数；而兵由于活动缓慢也应少走；另外要避免一个子重复走。

2. 争夺控制中心

棋子处于棋盘中心位置时的控制、活动范围最大，能发挥其最大威力。

因此，中心的争夺控制便成了开局的重要焦点。中心最好用兵去占领而其它子力要对中心兵进行增援，保持联络。后、车、象长兵器要尽量保持线路畅通，有广阔的活动空间。

3. 各子之间保持联系

各兵种间要达到战略协同、保持联系、相互照应，形成一个有机的攻防整体，环环紧扣，避免棋子间孤立、脱节，或是互相堵塞、妨碍。

4. 两翼平衡发展

开局时要左右兼顾，王翼、后翼均衡发展、同时出动。避免一翼孤军深入，而另一翼按兵不动，导致前后脱节、左右失衡。

5. 攻守兼顾、及时易位

开局阶段要防止急攻冒进、重攻轻守、贪子失先等问题的出现，不要轻易放弃王车易位的权利，抓紧机会及时易位，将王转移到安全地带，同时也为车提供广阔的活动区域，达到攻守两全的战略目的。

开局的原则还有更多，但以上是必须遵循的原则，要掌握其实质，灵活运用、勇于创新方能达到出其不意的效果。

有的时候，开局的好坏对全局胜负有直接关系。如：

1. e4   c5
2. 马 f3   e6
3. d4   cd
4. 马 × d4   a6
5. 象 d3   马 f6
6. 马 c3   后 c7
7. 0 - 0   马 c6
8. 象 e3   马 e5？

（图 4 - 1 所示）白方以王兵发起进攻，黑方以西西里防御的保尔逊体系迎战，前7回合都是必然套路，第8回合黑在中心阵地未巩固的情况下贪胜强攻，露出破绽，被白乘隙而入，弃车入局，掠得一子而胜。黑马轻进中心，准备g4位攻击白方黑格象，结果反成了白f兵将来攻击的目标，本应在稳固防御的基础上（象e7、d6、0-0）再伺机进攻。

图4-1

9. h3　　　　象c5

黑方又调出王翼象占c线拟攻白方中心马和王翼。然而白方子力相互照应，协同作战、攻守兼备，使黑方无隙可乘。

10. 后e2　　d6

11. f4!　　　马g6

白方进兵逐马，逼退黑马，掌握主动，占得步数上的便宜。

12. 车ae1　　0-0

13. 王h1　　b5

14. 后f2　　象b7（图4-2）

黑方企图接走b5—b4，从侧翼发难驱走c3白马，削弱e4白兵的防御，以图反夺中心。此时，开局结束，进入中局决战，白方看见时机已到，先发制人，猛攻黑方王翼。

15.	f5	ef
16.	马×f5	象×e3
17.	车×e3	后 d8
18.	后 g3	d5
19.	e5	马 e8
20.	马 e2	象 c8
21.	马 ed4	象×f5
22.	马×f5	后 c7
23.	h4	f6
24.	h5	马×e5
25.	车×e5！	

图 4 - 2

白方弃车杀马，黑兵不敢妄动。因在黑 fe 之后，白有马 h6 + 王 h8，车×f8 的杀着，黑方认输。以上面的战例可以看出，开局的好坏，一着走错，导致全盘皆输的关系，初学者要将开局的原则精神吃透，举一反三、灵活运用。

 ## 开局分类

国际象棋开局与中国象棋一样，种类很多，但与中国象棋相比，除尽快出子抢得先手、争取主动外，国际象棋突出的特点是抢占中心。双方为争夺中心，在棋盘中心组成了各式主要的阵形。一般情况下双方都用价值最小的兵去占领中心。因此，可以根据双方第一步出兵占领的位置划分为开放性布局、半开放性布局和封闭性布局三大类。

一、开放性布局

双方第 1 回合各把王前兵挺起两格（1. e4 e5）的开局称为开放性布局，如图 4 - 3 所示。

这类布局双方子力调动部署较快，往往形成激烈的短兵相接的中心争夺战。双方兵容易很快交换掉，造成中心开放，便于其它各子活动、攻杀，尤其是双方后、车、象等长兵器活动线路畅通，场面攻杀激烈。常用的开局有意大利布局、双马防御、西班牙布局等。

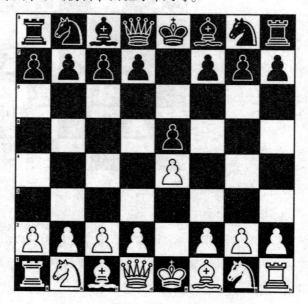

图 4 - 3

1. 意大利布局

意大利布局是最古老的布局体系之一，在 14 世纪就盛行于意大利，由此得名。

1. e4　　e5

2. 马 f3　马 c6

3. 象 c4　象 c5

如图 4 - 4，双方形成意大利开局的雏形。由于 f2 兵 f7 兵都是由双方王亲自守卫，所以这两个位置均是双方阵地的薄弱环节。双方的象直指对方弱点是意大利开局的特点。此时，白方通常有马 c3、d3、0 - 0 和 c3 四种着法。前三种着法较为平稳，c3 的着法较为积极。

4．c3 白方准备用下着 d4
占据中心。以下黑方有马 f6、
d6 和后 e7 三种应着，这里介
绍马 f6 变着，这是公认最有
力的应着。

图 4－4

4．…	马 f6
5．d4	e×d4
6．c×d4	象 b4＋
7．象 d2	象×d2＋
8．马 b×d2	d5
9．e×d5	马×d5
10．后 b3	马 ce7
11．0－0	0－0
12．车 fe1	c6
13．a4	双方大致致均势

如 7．象 d2 是平稳着法，如改走马 c3！? 弃兵，白方攻势激烈，黑方必
须小心应付才能谋和。7．…马×e4，8．0－0！马×c3，9．bc 象×c3？
（正着应是 d5！），10．后 b3！象×a1，11．象×f7＋ 王 f8，12．象 g5 马
e7，13．马 e5！象×d4，14．象 g6！d5，15．后 f3＋ 白方胜势。

黑方第 8 回合应走 8．…象×c3 则 9．bc 象 f6，10．车 e1 马 e7，
11．车×e4 d6，12．象 g5！象×g5，13．马×g5 0－0，14．马×h7！王
×h7，15．后 h5＋王 g8，16．车 h4 f5，17．后 h7＋王 f7，18．车 h6，白
方弃子取势，只要黑方正确地防御，就能谋和。

2．双马防御

在开局阶段，白棋先行掌握主动权，黑方不能随意行棋，他的应着往
往针对白方的进攻意图来决定。因此，黑方的应着可称为"防御"。

双马防御起源于 16 世纪末，它是采取遏制白方 c4 象对 f7 格的威胁，

用双马防御攻击白方 e4 兵来反击，变化激烈复杂。

    1．e4   e5

    2．马 f3   马 c6

    3．象 c4   马 f6

图 4 - 5 这种布局黑方避免了意大利布局开局中白方弃兵争先的被动局面，给黑方争得主动赢得机会。随后：

图 4 - 5

    4．0 - 0   马 × e4

    5．马 c3   马 × c3

    6．d × c3   象 e7

    7．后 d5   0 - 0

白方通过弃兵赢得子路畅通的理想态势；黑方则阵容严整足以抗衡。

双马防御还有另一种走法：

    4．d4   e × d4

    5．0 - 0   象 c5

    6．e5   d5

7. e×f6   d×c4

8. 马 g5   后 d5

9. 车 e1 +   象 e6

10. 马 c3   后 f5

11. 马 ce4   0 – 0 – 0

如图 4 – 6 双方子力在中心激烈争夺，布局结束，黑方多兵，白方有攻势，双方均势。

图 4 – 6

3. 西班牙布局

此种开局历史悠久，由西班牙棋手于 15 世纪所创。这种布局变化多端，战略性强，白方可在较长时间保持先行之利，黑方也可采取弃对攻策略。

1. ed   e5

2. 马 f3   马 c6

3. 象   b5

如图 4 -7，白方表面上是攻击 c6 马，威胁 e5 兵，实际上想通过威胁 e5 兵迅速调动部署子力，把握先手之利争取主动权。

3.　…a6	
4.　象 × c6	d × c6
5.　0 - 0	f6
6.　d4	象 g4
7.　d × e5！	后 × d1
8.　车 × d1	象 × f3
9.　g × f3	f × e5
10.　车 d3	马 f6
11.　马 d2	b5
12.　ad	象 d6
13.　马 b3	0 - 0
14.　马 a5	c5
15.　c4	

图 4 - 7

此时黑有后翼叠兵和中心孤兵，兵形弱点多，白方残局占优。

还可演变为"开放变例"：

3.　…a6	
4.　象 a4	马 f6
5.　0 - 0	马 × e4
6.　d4	b5
7.　象 b3	d5
8.　d × e5	象 e6
9.　c3	象 e7
10.　马 bd2	0 - 0
11.　象 c2	f5
12.　efe · p	马 × f6

如图 4 - 8 双方互有攻守，势均力敌。

图 4 - 8

4. 王翼弃兵

1. e4 e5

2. f4

如图 4 - 9，这是一种古老的开局，目前比赛中很少见到，但初学者应该掌握，避免对方出奇制胜，造成措手不及。

白方弃 f4 兵，目的在于将黑 e5 兵引离中心，然后占据中心，再图谋吃还弃兵或从 f 线进行突破。黑方一般走 2．…ef接受弃兵，3．马f8 g5，试图保持多兵实力，由此

图 4 - 9

形成多种复杂局面，白方有很多攻击战术，下面介绍 3 种变化：

（1）接受弃兵局

2. …　　　　ef

3. 马 f3　　　d5

4. ed　　　　马 f6

5. 象 b5 +　　c6

6. dc　　　　马 × c6！？

或改走 6. …bc　7. 象 c4 马 d5　8. 马 c3！白优

7. d4　　　　象 d6

8. 0 − 0　　　0 − 0

9. 马 bd2　　象 g4

10. 马 c4　　象 c7

11. c3　　　　马 d5

12. 后 d3

以下白方威胁要着 13. 象 × c6　bc，14. 马 fe5 进占中心，黑方能否抗衡很成问题。

黑方较好的应着是 3. …d6（代替 3. …d5）防止白马侵入 e5，实践证明黑方在复杂的局面中机会不坏，例如：

①4. d4　　　g5

5. h4　　　　g4

6. 马 g5！？　f6！

7. 马 h3　　　gh

8. 后 h5 +　　王 d7

9. 象 × f4　　后 e8！

10. 后 f3　　　王 d8

②4. 象 c4　　h6

5. d4　　　　g5

6. g3！？　　马 c3

7. gf   g4

8. 马 g1   后 h4 +

9. 王 f1   马 c6

10. 马 c3   g3

（2）拒弃兵局

2. …象   c5

黑有埋伏，如白 fe 吃兵，则后 h4 + ，白方阵形大乱。

3. 马 f3   d6

4. c3   马 f6

5. fe   de

6. 马 × c5   后 e7

7. d4   象 d6   双方均势。

（3）反弃兵局

2. …d5！?

3. ed   e4

4. d3！   马 f6

5. de！   马 × e4

6. 马 f3！   象 c5

7. 后 e2   象 f5

8. 马 c3   后 e7

9. 象 e3   象 × e3

10. 后 × e3   马 × c3

11. 后 × e7 +   王 × e7

12. bc   象 e4

13. 马 g5！   象 × d5

14. 0 - 0 - 0，白方弱子积极灵活。

黑第 3 回合可改走 c6，4. 马 c3   cd，5. fe   d4，6. 马 e4   后 d5，

7. 后 e2   马 c6，双方局势各有千秋。

二、半开放性布局

在开局阶段，白方第一步把王前兵挺起两格，黑方则不应王前兵挺两格，而走其他任何着法，这类开局就称为"半开放性布局"，如图4－10所示。

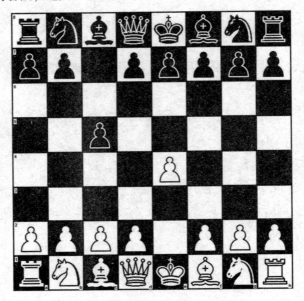

图4－10

如图白方走 e4，黑方不走 e5 而走 c5，就形成半开放性布局。

这类开局双方子力展开速度不如开放性布局迅速。中心兵不易被兑换掉，因而中心区域的封锁程度较大，各子活动易受影响；激烈场面远不如开放性布局，双方战斗方式较为含蓄，暗藏杀机，大斗内功。中心兵的机动性强，可以随机改变形态，挺进、兑换向有利己方的局势发展。常用的有西西里防御、法兰西防御、卡罗·康防御、乌菲姆采夫防御等。算、攻杀能力有很大促进作用。

这类布局双方行成非对称阵式。双方在中心区域的争夺不如开放性布局那样激烈，黑方采取先弃后取的原则，让白方兵占据中心，然后再争夺中心。这类布局变化复杂，棋路较宽，要求棋手有较强的判断能力和创造灵感。

1. 法兰西防御

法兰西防御是一个古老的布局体系，由法国棋手所创，由此得名，如图 4 – 11 所示。

1. e4　　e6

常见的变化有：

1. e4　　e6

2. d4　　d5

黑方用兑兵战术来与白方争夺中心。

3. 马c3　　马f6

4. 象g5　　象b4

5. e5　　马h6

如图 4 – 12 的局面是法兰西防御中对攻性最强的一种变化，白、黑双方相互牵制。

6. 象d2　　象×c3

7. b×c3　　马e4

8. 后g4　　g6

9. 象c1　　马×c3

10. 象d3　　c5

11. d×c5　　后a5

12. 象d2　　后a4

13. h3　　h5

14. 后×a4　　马×a4

白方双象可补偿兵的弱点，双方均势。

法兰西防御还可演变为：

1. e4　　　e6

图 4 – 11

图 4 – 12

2. d4　　　　d5

3. 马 c3　　　象 b4

4. e × d5　　　e × d5

5. 象 d3　　　马 c6

6. 马 e2　　　马 ge7

7. 0 – 0　　　象 f5

8. 马 g3　　　象 × c3

9. 后 × c3　　　后 d7

10. 象 f4　　　0 – 0

图 4 – 13

如图 4 – 13 双方攻守均衡，阵容严整，成均势。

2. 西西里防御

西西里防御是最古老的开局体系之一，以意大利西西里岛的名字命名，如图 4 – 14 所示。

1. e4　　c5

图 4 – 14，黑方不以正面对抗，而是想在 c 兵兑换之后，充分利用 c 线对白方后翼发动攻势来抗衡白方的王翼攻势。西西里防御的特点是：白方出子速度快，控制了中心占有空间优势；黑方子力配合协调，对中心具有潜在威慑，对攻激烈变化复杂。

常见的变例有：

（1）变例 1

2. 马 f3　　　d6

3. d4　　　　c × d4

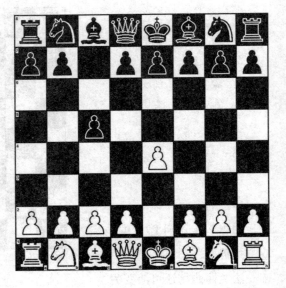

图 4 – 14

4. 马×d4　马 f6

5. 马 c3　　a6

6. a4　　　马 c6

7. 象 e2　　e5

8. 马 f3　　h6

9. 象 e3　　象 e7

10. 0－0　　0－0

11. h3　　　象 e6

12. 后 d2　　车 c8

13. 车 fd1

如图 4－15 双方子力全部出动，各自组成了攻守兼备的协调体系，双方阵容严整。双方成均势。

图 4－15

（2）泰曼诺夫变例

1. e4　　　c5

2. 马 f3　　e6

3. d4　　c×d4

4. 马×d4　马c6

如图 4－16 是由苏联特级大师泰曼诺夫首创，优点是黑方王翼象、马机动性强。而白方不需保护王前兵，中心牢固。

5. 马b5　　d6

6. c4　　　5f6

7. 马bc3　　a6

8. 马a3　象e7

9. 象e2　　0－0

10. 0－0　　b6

11. 象e3　　象b7

12. 车c1　　马e5

13. f4马　　de7

14. 象f3　　车ab8

15. 后e2　　车e8

16. 车fd1　　后c7

此时白方局面占优。

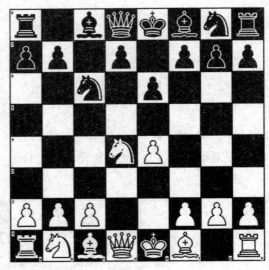

图 4－16

3. 卡罗·康防御

1. ed　　c6

如图 4－17 中是卡罗·康防御的雏形。此开局是 19 世纪末由 2 位德国棋手卡罗和康共同创立，由此得名。

此种开局黑方挺起 c6 兵想避免白方在中心区域采取锐利的弃兵争先局面，黑方利用 d 兵可能被兑换之机打开线

图 4－17

路，在后翼进行反击来与白方王翼进攻相抗衡。使局面形成较平淡和牢固的阵地战，白方一时找不到攻击的目标，胜负往往取决于双方残局功力的高低。

2. 马 f3   d5

3. 马 c3   d × e4

4. 马 × e4   马 f6

5. 马 × f6   马 g × f6

6. b3   象 g4

7. 象 e2   马 d7

8. 象 b2   后 c7

9. 马 h4   象 × e2

10. 后 × e2   0—0—0

11. 0—0—0

如图 4 - 18，开局结束，双方局面较平淡，得失相差无几，大斗内功，靠残局功力取胜。

另一种变例：

2. d4   d5

3. e × d5   c × d5

4. c4   马 f6

5. 马 c3   马 × c6

6. 马 f3   象 g4

7. c × d5   马 × d5

8. 象 b5   车 c8

9. h3   象 × f3

10. 后 × f3   e6

11. 0—0   象 e7

12. 象 d2   0—0

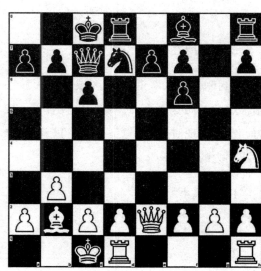

图 4 - 18

如图 4–19，双方布局结束，白方掌握先行主动，黑方防守严密，没有破绽。

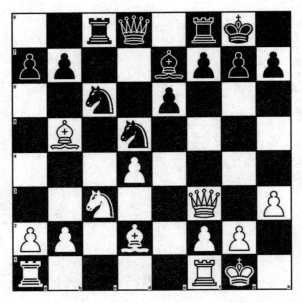

图 4–19

三、封闭性布局

"封闭性布局"是中心区域呈封锁状态，在高水平棋手之间经常被采用，这类布局变化复杂，着法也较含蓄，要求棋手有较强的计划性和忍耐力，善于发现对方的弱点，要有打一场持久战的准备才能取得胜机，是双方比功力的开局。

1. 后翼弃兵开局

1. d4   d5

2. c4

如图 4–20 是双方形成后翼弃兵开局的雏形。这种开局是试图用弃掉后翼 c 兵的办法加强对中心的控制，加快出子速度，争得棋子活动空间。

黑方有以下几种应法：

（1）接受弃兵局

2. …	d×c4
3. 马 f3	马 f6
4. e3	e6
5. 象×c4	
6. 0—0	a6
7. 后 e2c×d4	
8. e×d4	象 e7
9. 马 c3	b5
10. 象 b3	象 b7
11. 象 g5	0—0
12. 车 fe1	马 c6
13. 车 ad1	

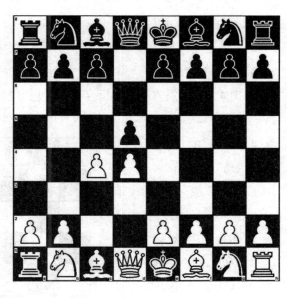

图 4 – 20

如图 4 – 21，黑方采取接受弃兵方案，先让出中心，然后再筹划反攻夺回中心策略，至此，双方布局阵形工整，白方局面稍好。

图 4 – 21

（2）阿尔宾反弃兵

2. …　　　　e5

3. d×e5　　d4

如图4－22，黑方用中心反弃兵对付白方的后翼弃兵，以谋求激烈的对攻机会。

4. 马f3　　马c6

5. 马bd2　　象g4

6. a3 后 e7 黑方用象牵制白马，用马、后围攻白e5兵。

7. h3　　　象×f3

8. 马×f3　　0—0—0

9. 后d3　　h6

10. g3　　　g6

11. 象g2　　象g7

12. 0—0　　马×e5

13. 马×e5　　象×e5

14. b4

图 4－22

至此，黑虽吃还一兵，但白方有双象优势，又有后翼空间，仍占有主动。

（3）拒吃弃兵局

2. …　　　　e6

3. 马c3　　马f6

4. 象g5　　象e7

5. 马f3　　0－0

6. e3　　　马bd7

7. 象d3　　c5

8. 0—0　　d×c4

9. 象×c4　　马b6

10. 象 b3   c×d4

11. e×d4   象 d7

如图 4-23，拒吃弃兵局，是双方均不放弃中心区域，积极出子配合中心作战，一场激战蕴藏在调兵遣将完成之后。

图 4-23

2. 英格兰开局

"英格兰开局"又称"英吉利开局"，由英格兰棋手斯当顿于 19 世纪首创而得名。

1. c4

如图 4-24 便是英格兰开局的雏形，它的特点是先走方是西西里防御，因此，又称"先手西西里防御"。这种布局灵活多变，韧性足，双方大斗运子布局，常转为封闭性开局，采用者要有较全面的布局理论知识，当前国际棋坛较为流行。

英格兰开局一般有 2 个变例：

（1）变例 1

1. …   e5

2. 马 c3   马 f6

3. 马 f3   马 c6

4. d4e × d4

5. 马 × d4   象 b4

6. 象 g5   h6

7. 象 h4   象 × c3 +

8. b × c3   d6

9. f3   0—0

10. e4   马 e5

11. 象 e2   马 g6

12. 象 f2   马 d7

13. 0—0   马 b6

14. 后 d2

图 4 – 24

图 4 – 25 是英格兰开局的先手西西里变着。黑方在后翼给白方制造了一个叠兵，但白方占有双象优势，双方各有利弊，局面相当。

图 4 – 25

（2）变例2

1. …　　　　c5

2. 马 c3　　　马 f6

3. g3　　　　d5

4. c×d5　　　马×d5

5. 象 g2　　　马 c7

6. 马 f3　　　马 c6

7. 0—0　　　e5

8. b3　　　　象 e7

9. 象 b2　　　0—0

10. 车 c1　　　f6

11. 马 a4　　　b6

12. 马 h4　　　象 d7！

黑方力图建立兵子联合中心，而白方力图破坏它，双方机会均等。

3. 尼姆佐维奇防御

尼姆佐维奇防御是由俄国棋手尼姆佐维奇所创，因而得名。这种布局能给黑方带来活力与希望，因此深受棋手喜爱，成为最流行的封闭性开局之一。

1. d4　　　　马 f6

2. c4　　　　e6

3. 马 c3　　　象 b4

图 4-26 是尼姆佐维奇防御体系的雏形。白方试图在王翼对黑方阵地施加压力，而黑方则组织兵力在中心和后翼进行反击，内容丰富，变化多样。

尼姆佐维奇防御通常有以下 2 个变例：

（1）白进 a 兵逼兑

4. a3　　　　象×c3

5. b×c3　　　c5

6. e3　　　　马 c6

7. 象 d3　　　b6

8. e4　　　　d6

9. 马 e2　　　e5

10. 0—0　　马 d7

白方以后在王翼有进攻

机会。

（2）变例 2

4. a3　　　　象 × c3

5. b × c3　　c5

6. e3　　　　马 c6

7. 象 d3　　　b6

8. e4　　　　d6

9. 马 e2　　　e5

10. 0—0　　0—0

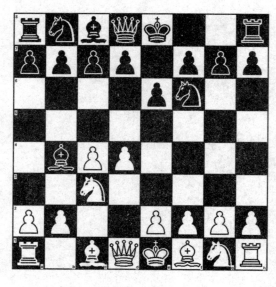

图 4 – 26

如图 4 – 27 局面，黑方在后翼给白方制造了一个叠兵，并在中心与白方
展开了激烈对攻。双方局面相当。

图 4 – 27

4. 古印度防御

古印度防御是一个古老的开局体系，战略计划内容非常丰富，过渡到中局变化十分复杂，是现代最流行的开局之一。

1． d4　　马 f6

2． c4　　g6

3． 马 c3　　象 g7

4． e4　　d6

如图 4－28，前 4 个回合是古印度防御的雏形，以后可以走成捷米尔什攻击体系、四兵体系、阿维尔巴赫体系等。这里主要介绍阿维尔巴赫体系。

图 4－28

5． 象 e2　　0—0

6． 象 g5

如图 4－29 局面，白方 c4、d4、e4 三兵在其他子力的支持下占领中心，有着空间优势和进攻机会。黑方必须谨慎防御，提防白方强攻王翼。

黑有以下 3 种应着:

(1) 马 bd7 变着

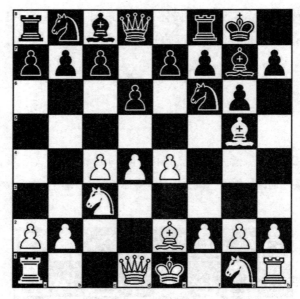

图 4 - 29

图 4 - 30 是阿维尔巴赫体系的一个关键局面。

6. … 马 bd7 黑方不能应 e5, 因 7. de de, 8. 后 × d8 车 × d8, 9. 马 d5! 白方多吃一兵。

7. 后 d2   e5

8. 马 f3   c6

黑方如改走 e × d4, 9. 马 × d4 马 c5, 10. f3   h6, 11. 象 e3! 马 fd7, 12. 0—0—0, 白方牢牢控制了局面。

9. 0—0   e × d4

图 4 - 30

10. 马×d4　　马 c5

11. 后 f4！　　后 e7

12. 车 ad1　　马 c×e4

13. 马×e4　　后×ed

14. 后×d6！　　马 d7

15. 象 f3　　后 e5

16. 象 f4

白方控制了中心线路。局面占优。

（2）h6 变着

6. …　　　　h6

7. 象 e3　　c5

8. d5　　　　e6

9. 后 d2　　e×d5

10. e×d5　　王 h7

11. h3

这是大师级比赛中常见的唯一着法。而在等级稍低的比赛中，11. h4 这种着法也能收收到很好的效果。如 11. …马 g4，12. 象×g4 象×g4，13. f3　象 d7，14. h5

11. …　　　　车 e8

12. 象 d3　　b5

13. c×b5　　a6

14. 马 ge2　　a×b5

15. 象×b5　　马 e4

16. 后 c2　　象 f5

17. 象 d3　　后 h4

黑方弃兵后赢得了主动权。

（3）c5 变着

6. …　　　　c5

7. d5   e6

黑方另有 b5?! ab、h6 等应着，均为白方机会较多。

8. 后 d2   e×d5

预防黑进 h6 的典型着法。白方借此保持对黑马的牵制。

9. e×d5   车 e8

10. 马 f3   象 g4

11. 0—0   马 bd7

12. h3   象 ×f3

13. 象 ×f3   a6

14. a4

至此，黑方难免以象兑马，白方则以双象优势进入中、残局。白方稍优。

图 4－31

第五章 中局战略

中局是一盘棋的第二阶段，它是介于开局和残局之间的对局过程，是开局的继续和发展，王的积极参加战斗是中局结束的重要标志。中局阶段的特点是双方相互进攻和防守，以夺取子力优势、局面优势和杀王。

中局阶段是一盘棋中攻守冲突最尖锐，变化最复杂，战斗最激烈的阶段。中局阶段要求棋手要像一位深谋远虑的军事家一样，头脑冷静、审时度势、算度准确、临危不乱、把握战机、理顺次序、果敢出击。对中局的学习与研究，入手的方法有很多。这里我们仅提供一些基础概念，以便于初学者理解和掌握，并用于实战。

❖ 铁 马

位于中心或对方阵营中的马，不受对方兵的驱赶，并且也不易被对方价值相同的棋子所兑换掉，这种马叫"铁马"，或称"永久马"。

如图 5–1，位于 e5 格上的白马便是"铁马"。因为黑方不能用兵来赶走它，也不能用价值相同的棋子来兑换它。一方有了"铁马"，能给对方造成很大的威胁，强子和铁马配合可取得决定性的优势。

如图 5–1，现轮白方走棋，白方调动 e5 铁马攻击黑后。

1. 马 g6 后 f7

2. 马 e7 + 弃马，制造牵制战术；同时攻击黑象。黑方只好用后吃马。

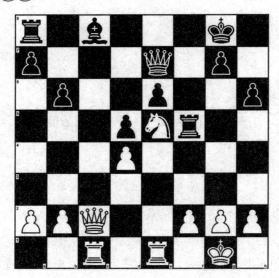

图 5－1

2. …后 e7

3. 后 f5 利用黑后无子保护的时机，吃掉黑车。

3. …ef

4. 车 e7 白方多子，残局中必胜。（若 2. …王 h8，3. 马 c8 白方也多子，同样获得可胜的局面。）

如图 5－2，是实战对局中第 11 回合后的局面，该白方走子：

12. 马 × d5！白方有了铁马。

12. …马 c6

13. 后 g3 准备调到 h 线去攻击黑王。

13…象 e6

图 5－2

14. 后 h4 埋伏后 h7 杀王。

14. …f5

15. 后 h7 + 王 f7

16. 后 g6 + 弃后，引出黑王。

16. …王 g6

17. 象 h5 + 王 h7

18. 象 f7 闪将

18. …象 h6 + +

19. g6 + 王 g7

20. 象 h6 + + 白胜。

见图 5 - 3，白方 d5 铁马，在围歼黑王中起到了关键的作用，它封住了黑王到 f6 和 e7 两格的出口，同时又封锁了中心，使黑方不能从中心反攻白方。因此才有了白方弃后，用象杀王的精彩结局。

现轮白方走子：

1. g5！ 赶走防守 d5 格的黑马。

1. …马 d7

2. 象 a6 马 c5

3. 象 b7 再兑换掉防守 d5 格的黑象。

3. …后 b7

4. 马 d5 白方实现了自己的计划，在 d5 格建立了铁马。以后白方可利用 d5 铁马，限制黑方棋子的行动，并用车、后、兵、马配合，一起进攻黑王。

4. …马 a4

图 5 - 3

5. f6！冲兵打开黑方王前阵地。

5. …车 cd8

6. fg   王 g7

7. 后 h5 准备后到 h6 格打将。

7. …车 e6

8. 车 f6 阻截黑车。

8. …车 f6

9. gf   王 f8

10. 后 h6 +   王 e8

11. 后 h7   马 b2

12. 后 g8 +   王 d7

13. 后 f7 +   王 c8

14. 后 b7   王 b7

15. f7   白方兵升变后，必胜。

通过上面例局的分析，我们看到了"铁马"的作用。因此在下棋过程中，若通过分析棋局，觉得有实现"铁马"的可能性，就应该努力创造条件，建立"铁马"。一方据有了铁马，就等于在对方的阵地前建立了进攻的桥头堡，同时便于调动其他棋子联合攻王。

 ## 好象与坏象

象走斜线，有黑格象和白格象之分。它们的子力效率是否能充分发挥，需看局面特点而定。在线路通畅的开放局面中，象的子力效率较高。因此，根据子力效率，我们可以把象分为好象和坏象。

线路通畅、行动自如的象，称为"好象"。例如，一方的兵分布在己方象的异色格时，象的活动性大，不受兵的制约，能迅速调动，控制较多格位，发挥进攻的作用，这样的象就是好象。

反之，线路受阻、活动受制的象，称为"坏象"。例如，一方的兵分布在己方象的同色格上，兵阵内的象行动受制，难以发挥作用，这时的象就成坏象。

中局时我们在子力交换、行兵布阵中要注意避免形成坏象，充分发挥好象的效用，同时要力求使对方的象变成坏象。这是中局战斗时的一个重要战略。下面举例说明好象与坏象在战斗作风上的差异。

如图 5－4 局面，双方子力平衡，但黑方局面较优。因为黑兵多占黑色格，黑象占白色格，线路通畅，不受兵阵限制，就是好象，利于发挥作用。而白方的兵多占白色格，白象也占白格，因而象的线路不畅通，行动受阻，不利于发挥作用，就是坏象。下面请看黑方如何利用这点局面优势夺取残局的胜利。

图 5－4

1. ⋯　　　　王 f6

2. 王 e2　　　车 h5！

3. 车 h1　　　王 e5！

4. 王 d3　　　h6

黑方计划冲 g 兵，以便通过交换造成 f 线的通路兵。

5. h3   车 g5！

白方 h3 削弱 g3 位的防御，这一点立即被黑方所利用。

6. 车 h2   车 g3

7. h4   车 g8

8. 王 e2   g5

9. h×g5   h×g5

10. 王 f2   g4！

11. 车 h5 +   王 d4

12. 车 cd1 + ?   王 c3

白方走了加速败局的错着。

13. 车 h7   g×f3

14. 象 f1   王 c2！

如走 14. 象×f3？，则黑车×f3 +，15. 王×f3 象 g4 +，16. 王×f4 象×d1。

15. 车 d3   象 h3！最后一击。

16. 车×f3   车×f3 +

17. 王×f3   象×f1

18. 车×c7   车 f8！

19. 车 d7   王 d3

20. 车×d6   象 e2 +

21. 王 f2   f3

22. 车 h6   车 g8

23. 车 h2   王×e4

24. 车 h4 +   王 d3

25. 车 h2   车 g6

26. b4   a×b4   白方认负。

开放线与半开放线

　　一条直线上，如果没有双方的兵，这条线就叫"开放线"。或者是说，没有留下兵的线路叫"开放线"。开放线也叫"通路"。

　　一条直线上，如果有一方的兵，这条线就叫"半开放线"。或者是说，仍然留有一方兵的线路叫"半开放线"。半开放线也叫"半通路"。

　　如图5-5，c行和d行是开放线，e行和f行是半开放线。

图5-5

　　开放线和半开放线一般要用强子（主要是车）来控制。如果一方用后和车占据了开放线，就有可能获得局面优势。因为占据了开放线的强子，随时都有可能闯入对方的阵营中，进攻次底线和底线，给对方造成很大的威胁。若双车能并列在对方的次底线上，则可从侧面攻击对方的兵，也可以进行杀王的攻击。若用强子控制了开放的c行或d行，就可以限制对方棋子的活动范围，并且为自己的棋子调到有利的格子上建立了可靠的保证。

如图5－6局面，黑方强子集中 e、f 两条直行。但白方有兵掩护，黑方强子的进攻作用不能充分发挥。但由黑方行棋，黑方采取弃兵弃子等手段，造成通路，从而施展了强子的进攻威力。着法如下：

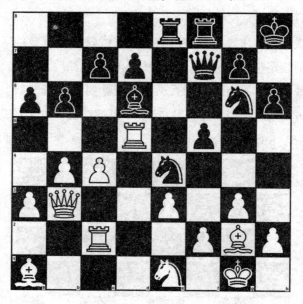

图5－6

1. … f4！

2. g×f4　马×f4！（弃马）

如 2. f3，则 2. … f×g3，3. f×e4　g×h2＋，4. 王 h1　后 f1＋
5. 象×f1 车×f1＋，6. 王 g2 h1（＝后）杀。

3. e×f4　马 d2！黑弃马打开 e 线通路

4. 车×d2　车×e1＋

5. 象 f1　象×f4

伏有 6. … 象×d2 和 6. …后 g6＋的双重威胁。

6. 车 d1　后 g6＋

7. 王 h1　象×h2

8. 王×h2 车×f2＋

9. 王 h3　车 f×f1

黑胜定。

在中局阶段，占据、利用和争夺次底线，是发挥强子作用的另一重要战略。

如图 5 – 7 局面，黑方后、车两子已经占据白方的次底线，利用白王有闷杀的危险而大胆弃后。

图 5 – 7

1. …后 b2！

白方只得认输，因为如白应 2. 后 d1？后 × f2 + ，黑胜；如 2. 车 × b2 车 × a1 + ，闷杀。

棋盘上只有对方的兵而无己方的兵存在的直行称半通路线，这也是后、车等强子发挥攻击作用的线路位置。及时用强子占领半通路线，攻击半通路线上的敌兵，争取消灭它，或用相邻直行上的兵去把它兑掉或引开，以便造成全通路线，利于强子侵入对方阵地，这是中局战斗中另一种常用战略。

图 5 – 8 是占据和利用半通路线的典型局例。在半通路 d 线上的黑 d6 兵

是落后兵。为了从 d 线突入敌方阵地，白方就应首先用另一只车占取 d 线，从 d 线半通路对黑 d6 弱兵施加压力，请看双方着法：

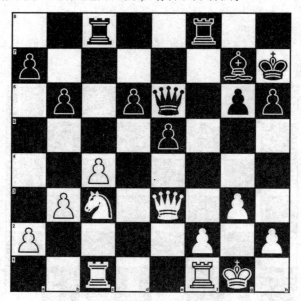

图 5 – 8

    1. 车 fd1   车 fd8

    2. 车 d3   车 c7

    3. 车 cd1   车 f7

    4. 马 e4   象 f8

    5. 车 d5   后 g4

    6. 车 1d3   象 e7

白方计划把后调到 d2，形成三个强子叠占 d 线，以加强对黑 d6 兵的攻击力量。这里应注意白后将置于双车之后，这是最理想的部署。如急于求成，立即走 6. 马×d6，则 6. …象×d6，7. 车×d6 后×d1＋！，黑方一后换双车以后，还可固守。

黑如改走后 e6 退守 d6 兵，也不能守住。因有 7. 后 e2   车 fd7，8. c5！ b×c5，9. 马×c5 捉双的巧着，黑方难免失子。

    7. 马×d6   象×d6

8. 车×d6　　车df8

白方打通 d 线，黑方被迫把 d8 车转移到 f 线，企图在半通路的 f 线上进行反扑。但为时已晚，白方的进攻速度远比黑方为快。

9. 后×e5　　车×f2

顺手牵羊！白方不但已占多兵优势，而且线路通畅，取得强大的攻势。

10. 车 d7 +　车 2f7

11. 车×f7 +　车×f7

12. 车 d8　　车 g7

13. 后 e8！　g5

白方威胁要后 h8 杀！

14. 后 h8 +　王 g6

15. 车 d6 +　王 f7

16. 后×h6

白方又吃一兵，以下又有杀着埋伏，胜定。

 ## 攻击对方兵阵弱点

叠兵、孤立兵和落后兵等都是兵阵的弱点。在中局战斗中，把攻击目标对准对方营垒中的弱点，特别是兵阵的弱点是争胜夺势的常用战略。

如图 5－9，黑方的 c6 兵和 f7 兵都是落后兵。由于它们位于半开放线路上，直接受到白棋的攻击，因此也是弱兵。而白方 a5 兵已经通头，称通路兵，有升变为"后"的可能性，因此称强兵。

图中 c5 和 f6 两个格位，由于黑子攻击不到，易被白方利用，作为棋子的落脚点，所以是黑方的弱格。反过来看，这两个格位对白方来说则是强格，白方可以借助白兵的保护在这两个格位上停留白子。

图 5－10 是中局的一个实例。黑方阵地中，d6 和 g5 这两个格位都是弱格，它们已被白子分别占领。d 线上的 d7 兵是落后兵，正处于白车的攻击之中。为了保护这只弱兵，黑方被迫投入了大部分子力。白方利用黑方阵

地中的这一弱点，组织子力展开攻势，而黑方只有消极地防御。请看白方
如何取胜：

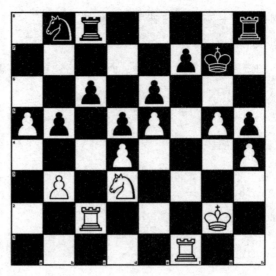

图 5 – 9

图 5 – 10

1．a4！　王 d8

如 1.　…b×a4，则 2.　车 b4　　车 b7，3.　车×b7　　象×b7，4.　后×a7

象 c6，5.　后 b8 +　　后 d8，6.　后×d8 +　　王×d8，7.　马 f7 + 抽车，

白胜。

2.　a×b5　　　　象×g2

3.　后 a3　　　　　象 d5

4.　车 a4!　　　　车 b7

白方后、车两子联攻黑 a7 孤立兵。

5.　车×87　　　　车×b5

9.　车 d×d7 + !后×d7

7.　后 f8 +　　　　后 e8

8.　后 d6 +　　　　白胜

如图 5 – 11，c7 位黑兵虽然不是落后兵，但它处于半开放线上，白棋可用后双车进行联攻，因此它是个战略上的弱点。白方调动子力，很快地利用了这一弱点。

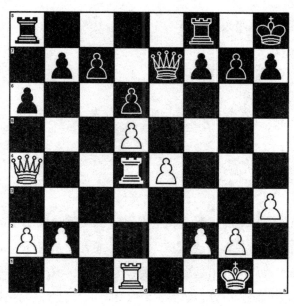

图 5 – 11

1. 后 c2　车 ac8

2. 车 c4　f6

3. 车 c1　车 f7

4. 后 b3！

黑方的阵地变成不能防守的阵地。因为以下几种应着，白方都占优势。

（一）4. …　b6，5. 后×b6！！，c×b6，6. 车×c8+　车 f8，7. 车 1c7 提后，白胜。

（二）4. …b5，5. 车 c6　后×e4，6. 车×d6！　车 a8，7. 车 dc6 后 e7，8. 后 g3 车 c8，9. d6，白胜。

（三）4. …车 b8，5. 后 a3！（威胁着下手棋 6. 车×c7！）后 d8，6. b4（不可后 a5？，因有 c5 强兑后）车 e7，7. 后 a5　车 c8，8. 后 b6！车×e4，以下 9. 后×b7 或 9. 车×c7 均白胜势。

实战中黑应以

4. …c5

5. d×c6（吃过路兵）　b5

6. 车 d4　f5

7. 后 d5　f×e4

8. 车×e4　白胜。

扩大子力优势

在其他条件都相等的情况下，子力上的优势就是决定性的因素。在中局阶段，子力占优的一方应逐步扩大优势，或者通过兑子，简化局面，以优势进入残局。残局中哪怕是多一个兵的实力，也会有很多胜机。

如图 5－12 局面，白方多两兵，采取交换子力的办法简化局面，保住多兵优势，进入胜势残局。

1. 车 e7　　马×e7

2. 象×g7 +　　　王 g8

3. 象×f8　　　　王×f8

4. 车 f1 +　　　　王 g8

5. 车 d1　　　　　车 f8

6. a4　　　　　　　车 f2

7. 马 c4！　　　　车×h2

图 5 – 12

　　白方退马目的是为进车腾出通路，以便用 h2 兵换取黑 h7 兵，造成 a、
b 两线的并列通路兵。

8. 车 d7　　　　马 f5

9. 车×a7　　　　马 d4

10. 车 c7

以下白冲通路兵，胜定。

第六章 残局基础

 单王杀局

在对弈最后阶段，经常会出现"单王杀局"，即一方剩下单王，另一方除王之外，还保存一定的兵力。能否将死对方，要看棋子的威力及步法是否对路。

一、后杀单王

由于国际象棋中有"逼和"这一特殊规定，因此，后必须与本方的王密切配合，方能杀死敌王，若单靠后，是无法取胜的。

后杀单王，如敌王在棋盘中心，则须分两步走。如图6-1，白棋后要在王的配合下，将黑王逼到盘边或盘角上杀王，具体着法如下：

白先：

1. 王 f2　　王 f5

图 6-1

2. 王 e3　　王 e5

白方先走王，根据黑王应变位置再决定后的动向，避免废着。

3. 后 c6　　王 f5

白方用后缩小黑王的活动范围。

4. 后 d6　　王 g4

5. 后 e5　　王 h3

6. 王 f3　　王 h4

7. 后 g7！　王 h5

白方走后 f5，与黑王距离一个马步即要逼和。现在用后把对方王逼到边线，避免逼和，然后调王来助攻，即可取胜。

8. 王 f4　　王 h4

9. 后 g4 或后 h6#

后杀单王不论形势如何，取胜一般不超过 10 步棋。

二、车杀单王

车杀单王也要经过逼王和杀王两步走。如图 6 - 2，首先用王向对方黑王逼进，利用"对王"机会，即双方王在同一直线或横线上相隔一格的局面，再用车照将，王、车密切配合，把对方王逼向边角，用白王控制黑王的活动范围，用车将军取胜。

如图 6 - 2 局面：

白先胜：

1. 王 b2　　王 d4

2. 王 c2　　王 e4

如改走 2. …王 c4，则 3. 车 d1。

3. 王 c3　　王 e5

4. 王 c4　　王 e4

双方都控制着 d3、d4、d5 三个格子，这种形状称为"对王"。这是用车打将的时机。

5．车 e1＋　　王 f5

如改走 5．…王 f4，6．王 d5　王 f3，7．车 e4 以后，杀法与下相同：

6．王 d4　　王 f4

7．车 f1＋　　王 g5

如改走 7．…王 g3，8．王 e4　王 g4，9．车 g1＋　王 h4，10．王 f3 王 h5（不能走 10．…王 h3 因为 11．车 h1#），11．王 f4　王 h6，12．王 f5 王 h7，13．王 f6 王 h8，14．王 f7（如走 14．车 g7？逼和），14．…王 h7，15．车 h1#

8．王 e4　　王 g6！

9．王 e5　　王 g5

10．车 g1＋　　王 h4

如改走 10．…　王 h5，11．王 f4　杀法见前面第 7 回合注解。

11．王 f5　　王 h3

12．王 f4　　王 h2

13．车 g3！王 h1

14．王 f3　　王 h2

15．王 f2　　王 h1

16．车 h3#

图 6 - 2

当白王在 h6 格，白车在 h1 格，黑王在 h8 格时，白方先走三步可杀死对方王。

三、双象杀单王

单象不能杀王，在线路开放的局面中，双象威力很大，两只不同色格的象密切配合，可以控制整个盘面。在残局中，双马胜不了单王，而双象却能取胜。如图 6 - 3 所示。

1．王 g2　　　王 d4

2. 王 f3　　　王 e5

黑方如王 c4 则王 e4 杀法
相似。

3. 象 c3 + !　　王 d5

黑格象将军逼王，同时与
白象取得联系，黑王面临单象
攻击，它可以在象的封锁线两
侧自由跨越，但双象所控制的
两条斜线并列在一起（如现
在 a1—h8 和 b1—h7 两条斜
线）则可以组成一道密集的
火力网，现在黑王被困在火力
网封锁的一侧。

图 6 – 3

4. 象 g8 +　　王 d6

白方继续利用双象的密集封锁，缩小其活动范围，黑王如 c5 杀法相同。

5. 王 e4　　　王 c5

6. 象 d5　　　王 d6

黑方如王 b5 则王 d4，白方亦胜。

7. 象 b4 +　　王 d7

8. 王 e5　　　王 c7

9. 王 e6　　　王 b6

10. 王 d6　　　王 b5

11. 象 c5　　　王 a4

12. 王 c6　　　王 a5

13. 象 b3　　　王 a6

14. 象 b4　　　王 a7

15. 王 c7　　　王 a6

16. 象 c4 +　　王 a7

17. 象 c5 +   王 a8

18. 象 d5#

双象胜单王，在任何情况下，均不超过 18 步。基本 2 种杀法：①逼王在盘角成杀；②在紧靠盘角的边线成杀。不管用哪一种杀法，均需在自己王的配合下把对方王逼到盘角将其击毙，在最后杀王时，要灵活运用等着，以免逼和。

四、马象杀单王

马象胜单王取胜过程较为复杂，主要分 3 个步骤：

1. 把王从中央逼到盘边；

2. 把王从盘边逼到与象同色格的盘角去；

3. 利用马等着杀王。

在研究马、象杀王之前，我们要先熟悉一下马、象杀王的几个基本图形。

（1）图 6 – 4，白先：

图 6 – 4

1. 象 b7 +　王 b8

2. 马 d7#

（2）图 6 – 5，白先：

1. 马 e7 +　王 h8

2. 象 g7#

（3）图 6 – 6，黑先：

1. …象 e3！

黑方使用等着，让对方王进入马的控制范围内。

2. 王 b1　马 a3 +

3. 王 a1　象 d4#

图 6 – 5

图 6 – 6

（4）图 6 – 7，黑先：

1. …马 h3 +

2. 王 h1　象 f3#

以上四个图形从封锁王的方式来看可分为两类：图 6 – 4、图 6 – 5 属一类，图 6 – 6、图 6 – 7 属另一类。两类有一个共同点：象与王密切配合已最大限度地缩小了对方王的活动区域，此时拍马赶到，取其首级，将军取胜。

图 6 – 7

初学者应首先掌握马、象在盘角杀王的基本图形，这样在逼王过程中能明确王、马、象三子各自在什么最佳位置，以免多走空着，影响杀王步数。图 6 – 8 是单王不在边角时，白方用马象追杀王的一例。

图 6 – 8

白先：

1. 王 d5　王 e3

2. 象 g6　王 d2

3. 王 c4　王 e3

4. 马 e6　王 d2

5. 王 b3　王 c1

黑王尽力向与白象色格不同的盘角上逃窜。

6. 王 c3　王 d1

7. 王 b2　王 d2

白方马，象与王组成一道火力网把黑王封在右下角，然后步步紧逼，迫使黑王向 h1 角撤退，直至束手就擒。

8. 象 c2　王 c3

9. 王 c1　王 d2

白王由底线进逼，封住黑王逃向黑格盘角的通路。

10. 象 g6　王 e3

如黑王 f3，白王 d2，黑王继续受白王紧逼；同时因有白方马、象铁壁合围，黑王无法经 f4 穿越封锁线，逃向右上方的黑格盘角。

11. 王 d1　王 f2

12. 王 d2　王 f3

13. 王 d3　王 g4

14. 王 e3　王 h4

15. 王 f4　王 h3

16. 象 h5　王 g2

白象封锁 d1—h5 斜线。

17. 王 e3　王 g3

18. 象 e2　王 h4

19. 王 f4　王 h3

20. 马 g5 +　王 g2

21．马 e4　王 h3

白方收网，迫使黑王只能在右下角活动。

22．王 g5　王 g2

23．王 g4　王 h2

24．象 f1　王 g1

25．象 h3　王 h2

26．马 c3　王 g1

27．王 g3　王 h1

28．象 g2 +　王 g1

29．马 e2#

黑王最终被逼到边角就擒。

五、双马和单王

单马不能取胜，双马也难将死单王，双马与王配合即便把对方王逼到盘角，也无法把它将死。

如图 6 - 9，白先：

图 6 - 9

1. 马 3b5 + 王 a6 和棋

如白方 c3 马将军时，黑方如走王 a8 则 2. 马 b6#白方取胜，但黑王不误走 a8 送死，而走 a6，白方束手无策。

再如图 6 – 10 所示，如白方走 1. 马 f6 + 逼黑王到 h8 角，白方另一匹马不能在 f7 或 g6 绝杀，为避免逼和，只好再把 f6 马调离，而来不及动 f5 格的马。

图 6 – 10

在残局阶段，双马的威力远不如双象的威力大，只要单王一方应对无误，均为和棋。

 兵类残局

兵类残局是以"兵"为主角的残局，它是残局体系中重要的一部分。由于兵能升变，所以兵类残局趣味性最强，变化复杂。下面我们以兵的不同形式、数量、位置分别介绍。

一、王兵对王

对局进入残局阶段，常会遇到一方剩下单王，而另一方除王以外，还保留一个兵，由于兵行动迟缓，威力不大，只依靠兵是无法取胜的，但兵有升变成"后"或其他棋子的特殊权利，一旦升变，威力巨大，必胜单王，能否升变是取胜的关键。我们下面就来分析一下兵的升变着法。

1. 正方形计算法

为了简捷准确地判断小兵升变的可行性，我们介绍一种简便的计算方法——正方形计算法，也称"正方形法则"。

当对方王离兵较远，兵不用依靠本方王的保护，便能独自冲入底线升"后"。这时，要计算一下步数，看自己的兵在达到底线时，能否被对方王从后面赶上吃掉。计算方法是以兵到达对方底线（升变格）的格数为一边，向兵的横排延伸同样的格数，组成一个正方形，如对方王不在这个方形内，兵就可以安全冲到底线升变，如果对方王在这个正方形内，兵就不能独立升变。

如图 6-11，白方 g3 兵距升变 g8 格有 5 格，以白兵 g3 为基点横数 5 格到 b3，这样就由 g3—g8—b8—b3 组成一个正方形。从图中我们可以清楚地看到黑王不在这个正方形之内，如果白方先走，兵可以抢先冲到 g8 升变；如果黑方先走，黑王一步便可跨入这个正方形内，白兵如想单独挺进升变，必将被黑王捉住。演变如下：

图 6-11

白先胜：

1. g4　王 b4

2．g5　　王 c5

3．g6　　王 d6

4．g7　　王 e7

5．g8　　变"后"白胜

黑先和：

1．…　　王 b3！

2．g4　　王 c4

3．g5　　王 d5

4．g6　　王 e6

5．g7　　王 f7　黑王捉住白兵成和棋。

从此例可以看出，虽然白兵走的是直线，而黑王走的是斜线，但步数相等，都为 5 步，造成被捉。在进行正方形计算时，还要注意 2 个问题：

（1）原始位置兵的计算

由于兵在原始位置时，第一着可走两格，所以在画定原始位置兵的正方形时，要以兵前一格的基点来计算，如图 6－12：

图 6－12

g2 白兵在原始位置，它的正方形应是兵前一格 g3 为基点的 g3—g8—b8—b3，这样黑王虽然直观上看在 g2 白兵的正方形内，如果白方先走，g2 兵仍能顺利到达 g8 格升变取胜；而黑方先走，黑王跨入 g3—g8—b8—b3 内，可抓住白兵。

（2）王路障碍

王在追赶敌兵中，王的运行路线如受到某种阻碍不能正常通过而被迫绕弯时，王虽在正方形内也难捉敌兵。

图 6 – 13

如图 6 – 13，黑王本处于正方形之中，可以捉住白兵，但由于黑兵的阻挡，而失败。

白先胜：

1. g5　王 d5

2. g6　王 d5?

黑王由于 e6 黑兵阻碍，只能绕道，经 d6 或 e5 去追白兵。

3. g7　王 f6

4. g8 = 后

这种情况称为"王路障碍"。进攻一方有时故意弃兵，制造"王路障碍"赢得胜机。

如图6-14，黑王在e兵的正方形内，黑王追赶e兵的道路是畅通的，按理说e兵难以升变取胜；但白方巧妙地使用弃兵战术，在黑王的通道上设置了一个障碍，为e兵到达底线赢得宝贵时间。

图6-14

白先：

1. c6！　b×c6

白方施用弃兵妙着，是取胜关键。黑方如不接受弃兵，则白方c兵即不可先升变，现在被迫吃兵，结果阻塞了黑王通道。

2. e5　王b5

3. e6　王b6

黑王被迫绕道而行，走出e兵的正方形。

4. e7　王c7

5. e8！　＝后

白胜。

2. 对王战术

王对单兵这类残局，如果对方王距己方的兵近，在兵的正方形区内，兵的冲底线升变就需要已方的王来坐阵、支持。而前进中的兵能否升变为"后"，关键看能否主动"对王"。前面已介绍了"对王"，即双方王在一条直行或横行上，相隔一格对视，下面介绍一下对王战术的妙用。

如图 6 – 15 白方：王 e6，兵 d6；黑方：王 e8。双方王处在对王状态。如果白方先走，实际上是黑方主动对王，便成和局。

图 6 – 15

1. d7 +   王 d8

2. 王 d6

黑方无子可动，造成逼和。

如改由黑方先走，实际上是白方主动对王。因此白方胜。

1. …   王 d8

2. d7   王 c7

3. 王 e7   下着白兵至 d8 升"后"，白胜。

如将上图局面下移 3 格，成图 6 – 16 局面，黑方王有充分活动余地，可用及时对王战术求得和局。

1. d4 +   王 d5

2. 王 d3   王 d6

3. 王 e4　王 e6！

黑方主动对王。

4. d5 +　　王 d6

5. 王 d4　王 d7

6. 王 e5　王 e7！

又是主动"对王"

7. d6 +　　王 d7

8. 王 d5　王 d8！

黑王保留主动对王机会，此时
如错走王 e8，则白王 e6！白胜。

9. 王 e6　王 e8！

10. d7 +　　王 d8

11. 王 d6

黑无子可动，逼和。

图 6－16

（1）必胜局面

如图 6 - 17 所示的局面，无论白方先走还是黑方先走，均是兵方取胜。

图 6－17

白先胜：

1. 王 e6　王 e8

2. d6　王 d8

3. d7　王 c7

4. 王 e7　王 c6

5. d8 = 后　白胜

黑先白胜：

1. …　王 c8　2. 王 e7!　　王 c7

3. d6 +　王 c6　4. d7　王 c7

5. d8 = 后　白胜

经分析我们可以发现，只要王站在兵前（不包括两个边线兵）占住第6

（3）横排，不论对方王在何处，也不论谁先走，都是兵方必胜。

（2）必和局面

在实战中碰到这样的局面，如图 6 – 18，无论谁先走，均为和棋。

白先和：

1. 王 d6　王 d8!

黑方利用对王技巧，阻止
白王前进。

2. e7 +　王 e8

白王不能前进，只好进兵。

3. 王 e6

白王如走别处，则失兵，
至此逼和。

黑先和：

1. …王 e7!

阻止白方王、兵前进。

图 6 – 18

2. 王 d5　王 e8!

正着，黑方如王 d8 则 3. 王 d6! 王 e8，4. c7　王 f7，5. 王 d7　白胜。

3．王 d6　王 d8！

白兵不能前进，只能进王。黑方采用对王手法阻止白王挺进第 7 排控制 e8 升变格。

4．e7 +　王 c8

白王不能前进，只能进兵将军

5．王 e6 逼和

以上例我们可得出这样一个结论，只要兵进入第 6（3）横排，强方王站在兵后（如图白王处于兵身后 d5、e5、f5、三格中任一格），弱方王占住兵前（如图黑王处于白方兵前 e7、e8 两格之一），这时不论谁先走均为和棋。

图 6 – 19 是必和的另一类型。

图 6 – 19

黑先和：

1．…王 g3　2．王 g1　h3

3．王 h1　h2

黑王不能前进只好进兵，至此逼和。

白先和：

1．王 g1　王 g3

2．王 h1　h3

3．王 g1　h2 +

4．王 h1！王 h3

逼和。

由于盘边角位置特殊，必胜局面中的边线兵，只要弱方王处盘角，不论谁先走，强方均不能取胜。

（3）争夺升变控制格

王单兵对王的残局单兵在 a 行或 h 行的边线，这时对方王只要不离开盘角或位于相应边线上顶住单兵，便造成逼和局面，如单王方不在盘角，单兵方能否取胜取决于自己王能否及时夺取升变控制格，掩护兵安全升"后"。而单王方能否谋和，也取决能否及时赶到相应盘角，阻止对方兵升"后"，如图6 – 20。

图 6 – 20

白先胜：

1．王 b6　王 d7

2．王 b7

白王及时抢占升变控制格，以下白 a4 兵冲到底线升"后"即胜。

黑先和：

1. …王 d7

2. 王 b6　　王 c8

黑王及时赶到 a8 格，看住升变控制格。

3. a5　　王 b8

4. a6　　王 a8

5. a7

黑方无子可动，逼和。

二、王兵对王兵

在残局阶段，常会出现一方剩一王、一兵，另一方也剩一王、一兵，这种情况就被称为王兵对王兵。由于王兵对王兵形态各异，我们将其归纳为对顶型、交错型、通路型 3 种形式，下面我们分别进行阐述。

1. 对顶型

双方兵如在同一直线上，它们向前推进互相顶住不能再动，这种形态称为"对顶型"。

王兵对王兵形成对顶结构时，胜负则取决于双方王的位置，看谁的王能抢先赶到，吃掉对方的兵，形成王兵对王的局面，然后再设法获胜。

如图 6–21，白先胜：

1. 王 f5　　王 b6

2. 王 f6!!　　王 b5

白王抢先进入黑兵的对兵要害格，黑兵必丢，此着白王迂回前进可增加一步等着，是取胜之关键，白方如急于走 2. 王 e6?，王 e5，白兵反丢失。此时黑方如走王 c5，则王 e6，黑兵也丢。

3. 王 e7!　　王 c5

白方如走王 e6，黑王走 c5，白方无等着，失兵告负。

4. 王 e6!　　王 b6

至此黑方无等着，被迫失兵。

5. 王×d6

白王吃掉黑兵后形成必胜局面，白胜。

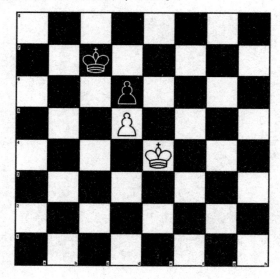

图 6 – 21

黑先和：

1. …王 b6

2. 王 d4！   王 b5

白王经过周密计算，发现黑王能抢先进入白兵的对兵关键格内，白兵必丢，因而不做无谓的保兵努力；而另辟蹊径，调整防御部署，黑王则抢先进入白兵的对兵关键格内。

3. 王 e4   王 c5

4. 王 e3！   王×d5

白王有计划地退却，准备进行丢兵后的防御。

5. 王 d3！   王 c5

白方丢兵后，采用对王手段阻止黑王进入兵的关键格 c4、d4、e4。

6. 王 c3！   d5

白方仍用对王手段阻止黑王前进，黑方被逼无奈，只好进兵。

7．王 d3　d4

8．王 d2　王 c4

白方走王 c2 也可

9．王 c2！　d3＋

白方继续采用对王手段阻止黑王侵入黑兵关键格。

10．王 d2　王 d4

至此双方形成必和局面。

如图 6–22，在双方王兵距离较远时，走子必须十分精确，否则功败垂成。

图 6–22

1．e5！　…

先顶住 e6 格黑兵，使它没有活动余地，如改走 1．王 c6　王 g6，2．王 d7？　王 f6，3．王 d6　e5，4．王 d5 王 f7？ 成和局。

1．…　王 g6

2．王 c6　王 g5！

布下陷阱：3．王 d6？ 王 f5 或 3．王 c7 王 f4，4．王 d6 王 f5，黑方得兵胜。

如图 6–23 是边兵对顶型。此时白王已在黑兵的对兵关键格之内，黑兵必丢，但黑王可趁白王吃兵之机抢先控制白兵的关键格 b7、b8 而成和局。

白先和：

图 6 – 23

1. 王 b5   王 d5
2. 王 × a5   王 c6
3. 王 a6   王 c7
4. 王 a7   王 c8
5. a5   王 c7
6. a6   王 c8
7. 王 b6   王 b8

成和棋。

此局黑方虽失兵，但由于有效地阻止了白王进入关键格，取得了和局。

在对顶型的残局中，初学者要掌握一些控制关键格、等着、对王等技巧，以后就会得心应手，化有利为胜局，化不利为和局。

2. 交错型

双方兵如果处在相邻的两条直线上，它们向前推进的结果，两兵由于互相牵制，谁也无法顺利冲到底线升变，这种兵型称之为"交错型"。

如图 6 - 24 所示。

图 6 - 24

白先和：

1．王 e5　c4！

黑兵面临被吃局面，主动送吃，算度长远，既可消除白方等着。又可夺得对王机会，是谋和的妙着，黑方如走 1．…王 e7，2．王 d5　王 d7，3．王 × c5　王 c7，4．王 d5　王 d7，5．d4！白兵挺兵走一等着，反夺对王，黑王不能阻止白王侵入兵前关键格，只好输棋。

2．d × c4　王 e7！

白方如 2．d4 c3，黑兵可以甩掉白王抢先升变取胜。至此黑方夺得对王，可以有效地阻止白王侵入第 6 横排。

3．王 d5　王 d7！

4．王 c5　王 c7！至此白王难以进入兵前关键格，只好和棋。

黑先白胜：

1．…王 e7

2．王 e5！

王 d7 白方采用对王战术逼迫黑王。

3. 王 d5！

王 c7 黑方如走 c4 弃兵，则 d×c4 也无济于事。

4. 王×c5　王 d7

5. 王 d5！　王 c7

6. 王 e6！　王 d8

白王侵入第 6 横排，胜定。

7. d4　王 e8

8. d5　王 d8

9. 王 d6！至此形成白方必胜局面。

有时局面不错，但如处理不当也会失去胜机。

如图 6－25 的局面应是白先胜，但如果白方急于求成，走王 c3？企图下一步王 b4，吃掉黑兵，造成王单兵胜王残局，则欲速不达。因黑有 a3！送兵的妙着，可逼成和局。白方只能接受弃兵，再走 a3！形成 a 行边兵，以下 2. …王 e6，3. 王 c4　王 d6，4. 王 b5　王 c7，5. 王 a6　王 b8，黑王及时回防，赶到盘角 a8 格，阻止白兵变"后"。

图 6－25

如黑方 a3 送兵后，白方拒吃弃兵，以避免形成 a 行边兵局面，有两种续着：b4 或 b3，结果也是和局，先看 b4 的续着：

2. b4　　王 e5

3. 王 b3　　王 b5

4. 王×a3　　王 c6

5. 王 a4　　王 b6

6. b5　　王 b7

7. 王 a5　　王 a7

8. b6　　王 b7

9. 王 b5　　王 b8

10. 王 c6　　王 c8

11. b7　　王 b8

12. 王 b6

借助 a 兵的牵制作用，黑王及时赶到 b 行线，顶住白兵，造成主动对王的局面，终成和局。

再看 b3 的续着变化：

2. b3　　王 e5

3. 王 c2　王 d4

4. 王 b1　王 c3

5. 王 a2　王 b4

6. 王 a1　王×b3

7. 王 b1　a2

8. 王 a1

白方无奈，只好作和。

白王正确着法是采取迂回战术，欲进先退欲直先迂，使白王由 c2—b1—b2—a3，迂回前进，然后形成主动对王。

1. 王 b1　a3

2. b3!　　如白误走 b4?，则 2…王 e5，3. 王 a2　王 d5，4. 王×a3

王 c5，5．王 a4　王 b6 形成上面已提及的局面，黑王及时返防，顶住白兵造成和局。

2．…　　　王 e5

3．a2　　　王 d4

4．王 × a3　王 c5

5．王 a4　　王 b6

6．王 b4　　白方主动对王，黑负。

3．通路型

"通路型"是双方兵处于不同直线，它们都可以互不妨碍，直接前进冲入底线升变。

在这种残局中，双方就要正确运用前面学到的正方形计算法和对王战术等技巧。同时还要注意到兵升变为"后"可能产生的杀着、逼和以及抽将等情况。

如图 6 – 26 局面，双方王都在对方兵的正方形之内，双方的兵都无法单独挺进底线升变，如果用王前去助阵，又怕对方兵乘虚而入抢先升变。这样双方均不敢越雷池一步，只好作和。

图 6 – 26

如图6－27是一个比兵冲底线速度的例子。谁先走谁得胜。白先胜
着法：

1. h5   b4
2. h6   b3
3. h7   b2
4. h8＝后   b1＝后
5. 后h7＋   白抽后胜

黑先胜：

1. …b4
2. h5   b3
3. h6   b2
4. h7   b1＝后
5. h8＝后   后h2＋   黑

抽后胜。

图6－27

图6－28是一个小兵升
"后"有杀着的例子。

白先胜：

1. d7   b2
2. d8＝后   b1＝后
3. 后a8#

黑先和：

1. …b2
2. d7   b1＝后
3. d8＝后

双方各升变一个"后"，
和棋。

如图6－29，这是一个双
方王参战的例子。

图6－28

此局黑王正捉死白兵，白王又处在黑兵正方形以外，表面看，黑兵升变取胜势在必得，白方经过正确计算后发现，白王可以一边伴追黑兵，一边助兵升变，谋得和棋。

白先和：

1. 王 g7   h5

2. 王 f6   h4

3. 王 e5！ h3

白王一边伴追黑兵（准备王 f4 进入黑兵正方形之内），一边向白兵靠近。

4. 王 d6！ h2

白王再追黑兵已无意义，只能杀个回马枪助白兵升变。

5. c7   王 b7

6. 王 d7   h1＝后

7. c8＝后＋ 和棋。

图 6－29

4. 多兵残局

在多兵残局中，变化较为复杂，峰回路转，起伏跌宕，初学者也较难掌握。现介绍一种简单的多兵突破战术，读者可以慢慢领悟要旨，然后举一反三，熟能成巧。

如图 6－30，双方的王都远离自己的兵，即在方形区外双方六兵相峙，现轮白方走棋白方可以采取大胆弃兵战术突破，造成一只通路兵，然后长驱直入冲到底线升"后"取胜。着法如下：

1. b5！   c×b5 如黑应 a×b5，则 2. c5   b×c5，3. a5，白方同样能制造出一只通路兵，然后直冲底线变"后"而胜。

2. a5！   b×a5

3. c5   王 g7

4. c6　王 f7

5. c7　王 e7

图 6 – 30

6. c8 = 后　白胜。

图 6 – 31 是弃兵突破的另一例。

图 6 – 31

1．g4　f×g4

如改走 1．…王 d5 则 2．gf　gf，3．g6　hg，4．h7 白兵升变

2．f5　g3

3．f×g6　e3

现在，白方如急于升变走 4．g7 则 4．…g2，5．g8 = 后 +　白方不能取胜。这是王路障碍的着法。因此，白方正确着法是：

4．王 f1　h×g6

5．h7 白胜。

如图 6－32 的兵型，白方兑兵突破获得成功。

白先胜：

1．王 d3　王 d5

如果黑方王 c5 则白王 c3。

2．b4！　a6

3．a4　王 c6

如果 3．…h6　则 4．b5 a×b5，5．a×b5　王 c5，6．b6！王×b6，7．王 d4 王 c6，8．王 e5，白方得兵胜。

4．王 d4　王 d6

5．b5！　a×b5

6．a×b5　王 c7

图 6－32

白方通过兑兵制造出一个通路兵，迫使黑王防守。

7．王 e5

至此白方舍弃通路兵，调王冲进黑方兵群，取得决定性的子力优势而获胜。

马类残局

马类残局就是以"马"唱主角的残局。前面已经介绍过双马残局都不能取胜，更何况单马，但如果单马再配有一兵，则情况大不相同。下面分别介绍几种残局。

一、马对兵

马对兵的残局中，由于兵的一方有升变的机会，因此，兵的一方占有优势，马方必须占据较好位置，并且走法正确方能守和。下面是几个定式：

图 6 – 33，白先和：

1. 王 c6　马 b8 +
2. 王 c7　马 a6 +
3. 王 b6　马 b8
4. 王 a7　马 d7

和棋。

图 6 – 34 是马守不住兵的例子。

白先黑胜：

1. 马 d2 +　王 c1 !
2. 马 b3 +　王 d1
3. 马 d4　b1 = 后　黑胜

如图 6 – 35 若兵在边路，马 的 活 动 区 域 受 限，就要输棋。

图 6 – 33

图 6 – 34

图 6 – 35

黑先白胜：

1. … 马 f7 +

2. 王 g7 马 g5

3. h8 = 后

白胜

马对兵一般是不输即和，但也有特殊形式的赢棋。

如图 6 - 36，由于黑王位置不利，白马可巧妙取胜。

图 6 - 36

白先胜：

1. 王 c2！ 王 a1

白方王进 c2 格，将黑王封在盘角，是取胜关键。

2. 马 d4！ 王 a2

黑方若走 a2，则马 b3#。

3. 马 e2 王 a1

4. 马 c1！a2

白马进一步逼黑王不敢越雷池一步，只能捉兵，绝了黑王退路，只有束手待毙。

　　5. 马 b3#

二、马兵对王

　　前面我们曾介绍过王兵对王不胜即和，如果兵方又多一马，就如虎添翼，取胜机会大增。

　　如图6－37，黑先白胜：

　　1. …王 c6

　　2. 马 b5！　　王 d7

白马保兵是制胜的关键，此时白马有惊无险，诱骗黑王吃马，白兵先行一步，走出正方形可升变。

　　3. 王 c4　　王 c6

　　4. 王 d4　　王 d7

　　5. 王 d5！　　王 d8

白王赶到保兵，解放了马。

　　6. 王 c6　　王 c8

　　7. d7＋王 d8

　　8. 马 d4　　王 ed

　　9. 王 c7 白胜。

图 6－37

　　图6－38是王马配合将黑王赶出盘角，助兵升变取胜的例子。

　　1. h6＋　　王 h8

　　2. 马 g4　　王 h7

　　3. 马 e5　　王 h8

　　4. 王 g6　　王 g8

　　5. 马 f7　　王 f8

6. h7　王 e7

7. h8 = 后　白胜。

马兵如棋型位置不好，也无法取胜。如图 6 - 39，白先和：

1. 王 f2　马 c2

2. 王 f1　马 e3 +

3. 王 f2　马 g4 +

4. 王 f1　和棋。

黑马使尽浑身解数也无法赶走白王，黑王被困于盘角无法脱身使兵升变，只能作和。若黑方先走可取胜：用黑马诱骗白王离开 f1、f2 格使黑王出困境，兵得升变。

图 6 - 38

图 6 - 39

三、马兵对象

马兵一般可胜单象，主要是用马来封锁象对底格控制、掩护兵冲底升变。但如王、单象位置较好，也能守和。

如图 6 – 40，黑先白胜：

1. … 象 c4

2. 马 d5！ 王 g7

3. e7 王 f7

4. 王 d7 象 b5 +

此时黑象不敢吃马，否则 e8 兵升后胜。

5. 王 d8！ 象 c6

黑方如走象 a4 或象 e8，白方均马 b6 再马 d7 胜。又如黑王 e6，则马 e7 + 抽象。

6. 马 c7！ 象 a4

白方马 c7 是取胜关键，否则黑王能走 e6 白方难以取胜。

7. 马 a6！ 象 b5

8. 马 c5 象 c6

9. 马 d7 白胜。

图 6 – 41，象封锁升变格 a1 只有一条斜线，防守困难巨大，马兵方可利用王对象进行驱赶封堵，使兵顺利升变。

黑先胜：

1. …王 c2

图 6 – 40

图 6 – 41

2．王 e2　王 b1

3．象 h8 马 b2 黑胜。

如果 3．王 d2　马 b2！，4．王 c3　王×a1，5．王 c2 马 d3！黑方也胜。

如果遇到象的所处形式特殊，位置有利，也能守和，如图 6－42。

白先和：

1．王 b6　象 e8

2．马 e6　象 a4

3．马 d4　象 e8

4．王 c7　王 h7！

和棋。黑方不能走象 a4，否则马 c6 切断象路，白胜。此局白方不能切断象路，逼使象离开 a4—e8 斜线，只好作和。

图 6－42

图 6－43，白先和：

1．象 e7　马 c3 +

如走 1．……a2，2．象 f6 +　王 b1，3．象 a1！走别的棋，黑方用马 b2 切断象路中兵升后，3．…b2 +，4．王 d2　王×a1，5．王 c1！成和。如 5．王 c2 马 d3！白王不能去 c1 格。

2．王 d2　马 b1 +

3．王 d1　马 c3 +

4．王 c2　a2

图 6－43

如不走兵而走 4. … 马 e4 + ，5. 王 e3　a2，6. 王 × e4　a1 = 后，7、象 f6 抽后和。

5. 象 f6　a1 = 后

6. 象 × c3 +　抽后和。

四、马兵对马

马兵对马成和较多，但若棋型位置有利，马兵方可利用抽将，诱使单马失去对升变格的控制，使兵冲底升变。

如图 6 – 44，白先胜：

1. 马 b4　王 e5

如走 1. …王 c7，则 2. 马 d5 +　王 d6，3. 马 b6　马 e5，4. 马 c4 +！马 × c4，5. b8 升"后"白胜。

2. 马 d3 +　王 d5

如走 2. …王 e4，3. 马 c5 + 或者 2. …王 f5，3. 马 c5　马 e5，4. 王 b6　马 c4 + ，5. 王 c7，都是白胜。

3. 马 f4 +　王 c6

4. 马 g6　王 d5

如走 4. …　王 c5，5. 马 f8　马 e5，6. 王 a8　马 c6，7. 马 e6 +　王任意着。

8. 马 d8 逼马放弃对升变格控制，白胜。

5. 马 f8　马 e5

6. 王 b6　马 c6

7. 马 d7　王 d6

8. 马 e5　马 b8！

9. 王 a7　王 c7

10. 马 c4　马 c6 +

图 6 – 44

如走 10. …马 d7，11. 马 b6　马 b8，12. 马 d5＋　白胜。

11. 王 a8　马 b8！

12. 马 b6　马 a6

13. 马 d5＋　王任意着。

14. 王 a7 白胜。

如图 6－45，黑先胜：

1. … g3

2. 马 g2！马 d3

黑方不能走马×g2，否则逼和。

3. 马 f4　王 f1！

白方如马 h4 黑方亦王 f1 胜。白方又如马 e3 则王×e3，黑亦胜。

4. 马 g2　马 f2# 黑胜。

图 6－45

图 6－46，黑先和：

1. …马 c4

2. 马 d3　王 a7

黑棋不怕，3. 马 e5　马 × e5，4. b6 +　王 a6！，5. b7　马 d7！，
和棋。

3. 马 b4　王 a8

4. 马 d5　王 a7

5. 马 e7　王 a8

6. 马 c6　马 b6！！

白兵无法前进，如吃马则逼和。

图 6 – 46

图 6 – 47，黑先和。

1. …马 e5！

2. 马 d6！　马 g4

黑方如 d2 则 3. 马 e4　d1 = 后，4. 马 c3 + 抽后，和棋。

3. 王 c5　马 e3

4. 马 e4　马 f5

5. 王 c4　王 e3

黑方如马 d6 +，则 6. 马 × d6　d2，7. e4　d1 = 后，8. 马 c3 + 抽后，
和棋。

6. 王 d5　马 e7 +

7. 王 e5　和棋。

弱方马如有好位置，并在王的配合下可阻止对方兵的升变，或寻求长将等谋和手段。

图 6 – 47

 象类残局

象类残局就是以"象"为主角的残局，大体分为象对兵、象兵对单王、象兵对同色格象、象兵对异色格象、象兵对马 5 种残局。

一、象对兵

单象不能胜单王，单象对单兵，则兵方有利；但象的活动范围很大，调动灵活迅速，单象对单兵一般都能守和，只有在王象位置不好时，兵方才有胜机。

如图 6 – 48，白王可以不让黑象控制 a7—g1 斜线，护兵冲底升变取胜。

图 6-48

1. 王 e4　象 h4

2. 王 f3　之后冲兵得胜。

如图 6-49，黑先胜：

图 6-49

1. … 　王 e5！　2. 象 h5　王 f6！

黑王阻止白象控制 a2—g8 斜线，掩护兵冲底升变是取胜的关键。

3．王 e3　　a3

4．象 d1　　a2 黑胜。

以上两例都是象的位置不好，造成兵路失控致负。而通常情况下，象方可守和。

图 6 – 50，黑先和：

1．…象 h6！

2．王 d4！　　象 d2

双方争夺 a7—g1 斜线的控制权。

3．a6　　　象 e1！

4．王 e3　　象 a5

5．王 d4　　象 b6 +

6．王 d5　　象 g1　和棋。

图 6 – 51，白先和：

图 6 – 50

图 6 – 51

1. 王 f3 !   王 d5

黑方如 a3 则象 e6，和棋。

2. 象 f5 !   a3

3. 象 b1   王 c4

4. 象 a2 +   王 c3

5. 象 g8   王 b2

6. 象 f7   a2

7. 象 × a2   和棋。

象只要得到兵路升变的通道控制权就能守和。

二、象兵对王

由于象能走出闲着转让走子权，象、兵和王配合协调，总能使兵升变，因此，象兵对单王都能取胜。但也有极特殊的棋位出现和棋。

图 6 – 52 兵的升变格 a8 与象是同色格，取胜较简单。

图 6 – 52

白先胜：

1. 王 b6   王 b8

2. a6   王 a8

3. 象 c6 +   王 b8

4. a7 +   白胜。

图 6 – 53 由于升变格 h8 是象的异色格，取胜有一定难度，关键是防止对方王占据盘角。

图 6 – 53

白先胜：

1. 象 e6！   王 e7

2. h6   王 f6

黑王不能吃象，否则兵先行一步冲入底线升变。

3. 象 f5！   王 f7

白方弃象阻止黑王靠近白兵，是取胜妙着。

4. 象 h7！   王 f6

白象极力阻止黑王进入盘角，为白王前去助战赢得了时间。

5. 王 f4　　王 f7

白王抢先对王，既可掩护 h 兵，又能逼退黑王。

6. 王 f5　　王 f8

7. 王 f6　　王 e8

8. 王 g7

白王控制 h 兵升变格，白胜。

以下两例是象兵和单王的特殊形式。

如图 6 – 54：

1. a6　　　王 b8

2. 王 h6　　王 a8

3. a7 逼和。

图 6 – 55，黑王在 h8 和 g7 两格重复走，白兵无法升变。

1. 王 f6　逼和

又如 1. 象 g8 王 × g8，也成和棋。

我们可以看出，如象方无法驱走单王对兵升变格的控制，便无法取胜单王。

图 6 – 54

三、象兵对同色格象

象的格色相同，有兵方可以用象驱逐、兑换对方象，保护兵的升变，取得胜利。

图 6 – 56，白先胜：

1. 象 h4　　王 b5

2. 象 f2　　王 a6

黑方阻止白方象 a7 再象 b8，与象争夺 b8—h2 斜线。

3．象 c5！ 象 f4

黑方如象 h2 则 4．象 e7　王 b5，5．象 g5！象 g3（如王 b6 则象 e3＋），6．象 d8 王 c6，7．象 h4！取胜方法相同。

4．象 e7　王 b5

5．象 d8　王 c6

6．象 g5！　　象 h2

白方为抢先兑象争得宝贵时间。

7．象 e3　王 b5

8．象 a7！　王 c6

9．象 b8　象 g1

10．象 f4　象 a7

图 6－56

至此黑象被迫在 a7—b8 短小斜线阻击白兵，位置极差。

11．象 e3！ 白胜。

图 6－57，白先胜：

1．象 b4！王 g5

2．象 d2＋王 h5

3．象×h6 白胜。

图 6－58，白先黑胜：

1．象 f4　象 f6

2．象 h6　象 b2

3．象 g5　象 c1

4．象 e7　象 h6

5．象 a3　象 g7

也可以 5．… 象 f8，6．象 b2

图 6－57

象 e7，7．王 c3　象 f6＋，8．王 b3 象×b2，黑胜。

6. 王 c4　象 b2

黑兵升变取胜。

象兵对同色格象，只要弱方王能占领兵前与象异色的格子，或形成兑换象之后王兵对王的必和局面，即可守和。

图 6 - 58

图 6 - 59，黑先和：

图 6 - 59

1. ⋯   王 b8！

王占住兵前象攻击不到的格子是谋和的关键。

2. b7   象 h3

到此白方无法驱赶黑王占据白兵升变的格子，只好和棋。

图 6 – 60，白先和：

图 6 – 60

1. 象 g5   王 f8！

黑方以王支持象，白兵无法升变，白方如兑象则形成必和局面，只能作和。

四、象兵对异色格象

异色格象之间互不干扰，通常情况容易下成和棋，但也有特殊情况下分出胜负的。

如图 6 – 61，白先胜：

1. a6   象 f5

2. 王 f3！   王 d5

3. a7　象 e4 +

4. 王 e3

黑象无法控制 a8 格，白兵升变取胜。

图 6 – 61

如图 6 – 62，黑先胜：

图 6 – 62

1. …   王 d5

2. 象 h4   王 e6！

黑王成功地抢先一步阻止白象对 a1—h8 斜线的控制，黑兵升变势不可挡。

如图 6–63，白先和：

图 6–63

1. c7   象 a6

2. 王 c6   王 g8

3. 王 b6   象 c8   和棋。

如图 6–64，黑先和：

1. …a2

2. 王 e5！ a1 = 后

3. 象 d4 +   和棋。

以上两例可以看出，只要弱方象能不受阻控制兵升变格，总以和棋告终。

图 6–64

五、象兵对马

象兵对马占有优势，马往往被象或被王封锁住，难以阻止兵的升变，一般能够取胜，但特殊情况下马方也有谋和的机会。

如图 6 – 65，白先胜：

图 6 – 65

图 6 – 66

1. 象 g7　马 f4 +
2. 王 f5　马 h5
3. 象 e5！

黑马路窄，边兵升变格与象同色，白胜。

图 6 – 66，黑先胜：

1. …象 e4！

以象控制白马的活动区域，是制胜妙着。

2. 王 d1　王 c3
3. 王 c1　d3

4．王 d1 　d2 　黑胜。

以上两例可以看出，如弱方王离兵较远，防守重任落在马身上，马很容易被王、象控制束缚住，象兵可以轻易取胜。

图 6–67，白先和：

图 6–67

1．象 a7 　马 d7
2．王 d5 　马 f8
3．王 c6 　马 d7 　和棋。

图 6–68，黑先和：

1．… 　王 e3
2．王 e1 　王 f4

黑方如走 d2 +，则王 d1 亦和。

3．王 d2 　王 e4
4．王 d1 　王 d5
5．王 d2 　王 c4
6．王 d1 　王 b3

图 6–68

黑方如象 e3，则马 b2 + 抽吃兵，和棋。

7. 王 d2　王 c4　和棋。

以上两例可以看出，只要弱方能控制兵前与象异色的格子，马又有足够活动区域，单马也有守和象兵的机会。

◆ 车类残局

车类残局就是以"车"唱主角的残局，它在国际象棋残局中占有重要地位，由于其他小子很容易兑换掉，因此，车类残局出现的机会较多，初学者应很好地掌握这类残局的一般规律和定式。这里主要介绍车对兵、车对马、车对象、车兵对车 4 种类型。

一、车对兵

王车一般可以杀王兵，但是车得不到王的支持，也可能下和。如王、车位置不好也可能输棋。

图 6 – 69，黑先白胜：

1. …　　　王 a2

2. 王 c5　　b3

3. 王 b4　　b2

4. 车 a8 +　王 b1

5. 王 b3　　王 c1

6. 车 c8 +　王 b1

7. 车 c7！　王 a1

此时如急于走 7. 车 c2
王 a1，8. 车 × b2，逼和。

8. 车 a7 +　王 b1

9. 车 a2　　白胜。

图 6 – 70，黑先白胜：

图 6 – 69

图 6 - 70

1. … h5

2. 车 e5！ h4

白车切断黑方王、兵的联系是取胜关键。

3. 王 f8 h3

4. 车 e3！ h2

5. 车 h3 白胜。

图 6 - 71，兵在中心，胜和的关键要看王车方能否及时抓住前进中的兵，这是一个比速度的较量：白先胜、黑先和。

白先胜：

1. 王 c6 d3

2. 王 c5 王 e3

3. 王 c4 d2

4. 王 c3 王 e2

图 6 - 71

5. 王 c2   王 e3

6. 车 d1   白吃兵胜。

黑先胜：

1. …   d3

2. 王 c6   d2

3. 王 c5   王 e3

4. 王 d4   王 e2

5. 车 a2   王 e1

6. 车 a1 +   d1 =后

7. 车×d1   王×d1 成和。

从以上例子可以看出车对兵残局中，只要车方王能进入兵前进的路线上，或车能切断王、兵之间的联系，车方必胜。反之弱方兵只要不被车切断王、兵之间的联系，兵方就有谋和的机会。图 6 – 72 是王车位置太差造成王兵胜王的例子。

白先胜：

1. d7   车 g6 +

2. 王 e5！

如走 2. 王 e7   车 g1, 3. d8 =后   车 e1 +, 4. 王 d7   车 d1 +, 5. 王 c7   车×d8, 6. 王×d8, 兑子成和。又如 2. 王 d5车 g1, 同样和局。

2. …   车 g5 +

3. 王 e4   车 g4 +

4. 王 d3！车 g1

5. 王 c2！车 b2 +

6. 王 c3   车 g3 +

7. 王 c4   车 g4 +

图 6 – 72

8．王 c5　车 g5 +

9．王 c6　车 g6 +

10．王 c7　王 h6

11．d8 = 后白胜。

图 6 - 73，白先黑胜：

1．车 e3 +　王 g4

黑方如王 g2 则车 e2，和棋。
黑方又如王 f4 则 2．车 e8，再车
f8，也和。

2．车 e4 +　王 g5

3．车 e5 +　王 g6

4．车 e6 +　王 f7！

黑方此着是解除白车长将的
关键着法。

5．车 e5！　f1 = 车！

白车不能长将又设计一个新

图 6 - 73

的陷阱。黑兵变车是妙着，如变"后"则 6．车 f5 +！后 × f5，逼和。

6．车 h5　王 g6！

白车被迫防守王的正面，否则黑方车 h1#。至此白车和底线双重危机无
法解脱，黑胜。

二、车对马

车对马残局，车方虽占优势，但不能确保取胜，只有当马与自己的王
分离或陷入盘角车方才有胜机，若马占中心，又与己方王距离较近，防守
无误可成和局。

图 6 - 74，黑马紧靠黑王，位置有利，只要黑方应着正确，可成和局。

白先和：

1．王 f6　马 h7 +

这是黑方唯一正确的应着。
如走王 h8？则 2．车 e8　王 g8

3．车 d8 得马，白胜。

2．王 g6　马 f8 +

3．王 h6　王 h8

4．车 f7　王 g8！

如黑马 e6，白车 f6，黑方
立败。

5．车 g7 +　王 h8

6．车 g1　马 d7！

白方看似有胜机，但黑马防
守无误，马 d7 是唯一正着，如

图 6 – 74

6．…马 h7，7．王 g6 王 g8（或 7．…马 f8 +，8．王 f7　马 h7，9．车 g8
杀），8．车 g2　马 f8 +，9．王 f6 +　下着王 f7，白胜。又如 6．…马 e6，
7．王 g6　马 f8 +，8．王 7，白胜。

7．王 g6　王 g8

8．车 g2　王 f8　和局。

图 6 – 75，黑先和：

1．…车 h2 +

2．王 a1　王 c1

白方如 2．王 a3　王 c2，
3．王 a2　车 g2，4．马 a3 + 王
c3 +，5．王 a1　王 b3，6．马
b1　车 a2#

3．马 a3　车 e2

黑方如走车 b2，则马 c4 变
化相同。

4．马 b5　车 e5

图 6 – 75

白方如马 c4 或马 b1，黑方均王 c2 胜。

5．马 a3　　车 a5

6．王 a2

至此白王脱离盘角，和棋。

图 6 − 76 是车胜马的例子。

白先胜：

1．车 a4！　　王 c7

进车封锁马路是车胜马的常用着法。

2．车 d4！　　马 e1

黑方如马 b2 或马 f2，白方均可走王 c5 或王 e5 捉死黑马。

3．车 c4 +　　王 d7

4．车 c3！　　王 d8

黑方如马 g2 则 5．王 e5马 h4　6．王 f6 黑马难逃。

5．王 e4！　　王 d7

6．车 c1　　马 g2

7．车 g1　　马 h4

8．车 g4　　黑马被捉死，白胜。

图 6 − 77，黑马与王被分离，白方的任务是防止黑马与王重新会合，用车寻机捉死黑马。

白先胜：

1．车 e4　　马 d1

如黑马 g2，则 2．王 f6，

3．王 g5，4．车 e2 捉死马。

图 6 − 76

图 6 − 77

2. 车 f4 +   王 g7

3. 车 f3   王 g6

黑马又被赶回一行，与黑王距离更远，以下白方的任务是继续追捕。

4. 王 e5   王 g5

5. 王 d4   王 g4

6. 车 f1   马 b2

7. 车 b1   马 a4

8. 车 b4 捉死黑马，白胜。

可以看出白王与黑马在同一条线上相对两格时，黑马活动范围最小，容易被捉死。

三、车对象

车对象的残局，虽车方占优，但取胜不易，由于象的活动范围大，且比马灵活，不易被捉，若要取胜，需将对方王逼到与象同包格的盘角，才有取胜机会；反之，象方守和要诀是：王被迫后退时，力求退到与象格色不同的盘角。

图 6 - 78 是黑王处于象同色格的 h8 角，这种角称"危险角"，车方可用妙着捉死象而取胜。

黑先白胜：

1. …象 g1

象躲在白王身后是唯一的一着。如走其他着法，车方均速胜。

2. 车 f1   象 h2

3. 车 f2   象 g3

黑方如象 g1，白方亦车 g2

图 6 - 78

4. 车 g2!　　象 e5

黑方如象 f4 或象 h4，白王则 f5 + 或 h4 +，均抽吃象。

5. 车 e2　　象 d6

6. 车 e8 +　　象 f8

7. 车 d8　　王 h8

8. 车 × f8#

图 6 - 79 白王处于与象异色格的盘角。这种角称"安全角"，但由于象位置不好，车方仍有胜机。

白先黑胜：

1. 象 g5　　车 e5

白象如走到其他格，黑车均可借助要杀提吃象。

2. 象 f6　　车 e6

白方如象 d2，则车 b5 黑胜。

图 6 - 79

3. 象 g7　　车 e7

4. 象 f6　　车 f7

白象总想躲到黑王身后，而黑车则尽力把象赶出隐蔽所。

5. 象 c3　　车 c7

白象如走到其它位置，黑车都可借将军或要杀吃掉象。

6. 象 d2　　车 b7!

7. 象 a5　　车 b1 +

白方不能走王 e1，也不能走王 g1，因黑方有车 b1 + 再车 b2 捉死象的手段。

8. 象 e1　　车 a1

9. 王 g1　　车 × e1 +　黑胜。

图 6 - 80 是车对象的一个关键局面。黑王处于棋盘的安全角，白车 a8 牵制黑象，则成逼和局面；如白车退到 a1 准备照将并强迫黑象 h7 垫将，黑象可提前 h7 照将白王，以下王 h6、象 g8 仍是和局。

图 6 - 80

图 6 - 81：

图 6 - 81

黑先和：

1. … 车 g4 +

2. 王 h1　王 f1

3. 象 b8　车 h4 +

4. 象 h2 和棋。

以上两例，只要王在安全角，象在王的左右抵挡车的攻击，可以守和。

四、车兵对车

车兵对车残局战术变化比较繁杂，强方虽多一兵占有物质优势，但单车也有很多防守办法求和。研究这类残局很有趣，下面介绍几种残局。

图 6 - 82 的弱方王、车位置较差。

白先胜：

1. 车 c7　车 a8

2. 车 g7 +　王 f8

黑方如王 h8 则 3. 车 h7 王 g8，4. f7 + 王 f8，5. 车 h8 + ，白胜。

3. 车 h7 +　王 g8

4. 车 h8 +　白胜。

图 6 - 82

图 6 - 83，白先黑胜：

1. 车 f1　车 a4　　2. 王 b1
车 b4 +

3. 王 c1　　d2 +

4. 王 d1　　车 b1 +

5. 王 e2　　车 × f1

6. 王 × f1　　d1 = 后

黑胜。

图 6 - 84，白先胜：

1. 车 c2 !　王 e6

2. 车 c8　王 d7

3. 车 b8　车 a1

4. 王 b7　车 b1 +

5. 王 a6　车 a1 +

6. 王 b6　车 b1 +

7. 王 c5　车 c1 +

8. 王 b4　车 b1 +

9. 王 c3　车 c1 +

10. 王 b2　车 a1

11. a8 = 后　白胜。

图 6 - 85 是个典型的局
面，白方先走可以取胜，黑方
先行，却能守和。

白先胜：

1. 车 g1 +　王 h7

2. 王 f7　车 f2 +

3. 王 e8　白胜。

黑先和：

1. …　车 a7 +

图 6 - 83

图 6 - 84

黑方指望 2. 王 e8　王 f6，3. 车 e1 车 e7 + 及 2. 王 d6　王 f8。

2. 车 d7　车 a8！

阻止白王 e8 及冲兵 e7，是防守佳着，另一着法是 2. …车 a1（准备 3. 王 e8 王 f6！，4. e7　车 e6！，5. 王 f8！车 f1 +，6. 王 e8　车 a1 不变着则作和），3. 车 d6！高招，诱使 3. …　车 a7 + ?，4. 王 e8　车 a8 +，5. 车 d8 车 a7，6. e7 王 f6，7. 车 d6 +　王 e5，8. 车 b7

3. …车 a8！

4. 车 d8　车 a7 +

5. 王 e8　王 f6　和局。

这里 3. 车 a8 另外有车 b7 及车 d6 两种走法，黑方都需谨慎小心。例如 3. 车 b7　王 g6，4. 王 d6　王 f6，5. e7 王　f7 及 3. 车 d6 王 g6！

3. …车 a7 +！

4. 王 d6　车 a6 +！

5. 王 e5　车 a5 +！

6. 车 d5　车 a8

7. 车 d7 +　王 g6　和局。

图 6 – 85

图 6 – 86 黑王靠近兵的通道已被白车切断，然而黑方可用车在王侧进行攻击谋取和棋，黑先和：

1. …车 h1！

黑车及时调往王侧，是谋和的关键。

2. d7　车 h7 +

白方如走 2. 车 f2　王 c6，亦和。

3. 王 e6　车 h6 +

4. 王 e5　车 h5 +

5. 王 f6　车 h6 +

至此，白王不能摆脱长将（如6. 王 g7，车 d6 捉死兵），只好作和。

图 6－86

图 6－87 黑车在边线牵制白车、兵，黑方只要不让白方车、兵解脱，就能守和。

图 6－87

白先和：

1. 王 c5　王 h7！

黑王在 h7、g7 两格中活动是谋和的关键，如误走王 g6 或王 f7，白方可走车 g8＋或车 h8 解脱，然后小兵升变取胜。

2. 王 b6　车 b1＋

3. 王 a6　车 a1＋

4. 王 b7　车 b1＋

5. 王 c7　车 a1

至此白方车、兵无法解脱，作和。

车兵对车残局比较复杂，变化也较多，初学者一下子不易掌握，要多练习，找出其中的规律，方能举一反三。

后类残局

后类残局就是以"后"为主角的残局，这里仅介绍后对兵、后对马、后对象、后对车、后兵对后 5 种类型。

一、后对兵

后对兵的残局会经常遇到，而出现一方多一个后的情况则较少，大多情况是双方出现王兵对王兵时，一方兵冲底线升"后"演变而来的。

往往另一方的兵此时也逼进底线，面临升"后"。

如图 6－88，黑先胜：

1. …后 c3 +

2. 王 b7   后 d4

3. 王 c7   后 c5 +

4. 王 b7   后 d6

5. 王 c8   后 c6 +

6. 王 d8   王 c4

后蛇行前进，通过将军和捉兵两种手段逼近王走到兵前阻住兵的升变道路，从而赢得时间调王助战。

图 6－88

7. 王 e7   后 e4 +

8. 王 d6   后 d5 +

9. 王 e7   后 e5 +

10. 王 f7   后 d6

11. 王 e8   后 e6 +

12. 王 d8   王 c5

黑王利用白王自阻兵路的机会，向兵靠近参加助攻。

13. 王 c7　　后 c6 +

14. 王 d8　　王 d6

15. 王 e8　　后 × d7 +

黑胜。

如图 6 – 89，黑先胜：

1. …　　后 d4！

2. 王 f7　　后 h8！

3. 王 g6　　王 b6

至此后占住升变格，待黑王从容赶到，助后杀兵取胜。

从以上两例可以看出，只要后能运用将军手段迂回到兵前升变格，不管王离多远均能

图 6 – 89

从容前去助后杀兵取胜。王、后的位置不好，也有和的可能。

如图 6 – 90，黑先和：

图 6 – 90

1. ⋯   后 b5 +

2. 王 c7   后 a6

3. 王 b8   后 b6 +

4. 王 a8！

至此，黑方如走王则逼和，如解除对王的封锁，白王走后盘角之后 a 兵又要升变，只好作和。

如图 6-91，白先和：

1. 王 d6！   王 e4 +

白方不能走 d8 升变，否则黑方王 e3 + 抽后胜。

图 6-91

2. 王 e7

至此黑后由于本方王阻碍，无法通过照将接近白兵，白兵升"后"作和。

二、后对马

后对马残局中，后占有绝对优势，可以必胜单马。

图 6-92，白方可以轻易取胜：

1. 王 b2   王 d5

2. 王 c3   马 e4 +

3. 王 d3   马 c5 +

4. 王 e3   马 e6

黑王力求在中心徘徊。

5. 后 b5 +   王 d6

6. 王 e4   马 c5 +

7. 王 d4   马 e6 +

8. 王 c4   马 c7

9. 后 b5 +   王 d7

10. 后 c6   马 e6

图 6-92

11. 王 d5　　　马 c7 +

12. 王 e5　　　马 e8

13. 后 e6 +　　王 d8

14. 后 f7　　　马 c7

15. 王 d6　　　马 b5 +

16. 王 c5

黑方丢马告负。

王、马在盘中央，后取胜要先把王、马从中央赶到盘边，逼王、马分离，然后或杀或捉马取胜。在靠近马时，要注意马有将军抽后的回马枪。

三、后对象

后对象的残局，后也占绝对优势，可必胜。

如图 6－93，白先胜：

1. 王 d3　　　王 d5

2. 后 g5　　　王 e6

3. 王 e4　　　象 d6

4. 后 g6 +　　王 d7

5. 王 d5　　　象 e7

6. 后 c6 +　　王 d8

7. 王 e6　　　象 f6

8. 后 d7#　　白胜。

白方若误走王 × f6 则逼和。

图 6－93

后胜单象只要把王、象逼到盘边之后，不必吃象即可取胜。

四、后对车

后对车，后占有较大优势，一般均可取胜，但也有特殊局车有谋和可能。

如图 6 – 94，白先胜：

1. 后 f6 + 　王 e8

2. 后 h8 + 　王 f7

如果王 e6 就大错，因黑车 b6 +！送车，立刻成逼和。

3. 后 c8 　王 e7

4. 后 b8 　车 c7

5. 后 b4 + 　王 d8

6. 后 f8 + 　王 d7

7. 王 d5！　车 b7

黑方无奈把车和王均向左移动

图 6 – 94

一格。如黑车在直行方向一活动，白方可用后照将抽车。

8. 后 f7 + 　王 c8

9. 后 e8 + 　王 c7

10. 王 c5 　车 a7

11. 后 e7 + 　王 b8

12. 后 d8 + 　王 b7

13. 王 b5 　车 a8

14. 后 d7 + 　王 b8

15. 王 b6 　白胜。

如图 6 – 95，白先胜：

1. 后 d1 +！王 a3

用后打将把王逼向盘边，同时控制 g4，不让车有将军的机会，这是胜单车的手段。

2. 王 c4 王 b2 3. 王 b4!

以下黑方无论走王或走车，白后均能抽车胜。

单车对后的谋和手段主要是利用规则采取长将和及弃车逼和。

图 6 – 95

如图 6 – 96，黑先和：

图 6 – 96

1. …　车 a7 +

2. 王 b4　车 b7 +

3. 王 a5　车 a7 +

白方不能走王 c5，否则车 c7 捉死后。

4. 王 b6　车 a6 +！！

5. 王 × a6　逼和。

如图 6 - 97，白先和：

1. 王 h6　车 e6 +

2. 王 g5　车 e5 +

3. 王 f4　车 e4 +

4. 王 g5　车 g4 +

5. 王 h6　车 g6 +　成和。

图 6 - 97

五、后兵对后

后兵对后的残局变化十分复杂，和棋机会很多。要看后、兵、王的位置来决定。

如图 6 - 98，白先胜：

1. 后 c5 +　王 a4

2. 后 f8！　后 c4

白方只有赶走黑后，兵才能升变。

3. g8 = 后　后 f4 +

4. 王 g7　后 g4 +

5. 王 h8　后 h5 +

6. 后 h7　后 e5 +

7. 后 hg7　后 h5 +

8. 王 g8　后 d5 +

图 6 - 98

9. 后 ff7　后 d8 +

10. 王 h7　后 h4 +

11. 后 h6　后 e4 +

12. 后 hg6　后 h4 +

13. 王 g7　后 d4 +

14. 王 f8　后 c5 +

15. 后 e7　后 c8 +

黑方如后 f2 + ，则后 gf7，黑后无法长将，负。

16. 后 e8 +

至此白方既兑后又将军，摆脱长将胜。

如图 6 - 99，白先和：

1. 后 d1 +　　后 g1

2. 后 h5 +　　后 h2

3. 后 d1 +　　g1 = 后

4. 后 f3 +　　后 hg2

5. 后 h5 +　　后 1h2

6. 后 d1 +　　后 gg1

7. 后 f3 +

长将不变作和。

图 6 - 99